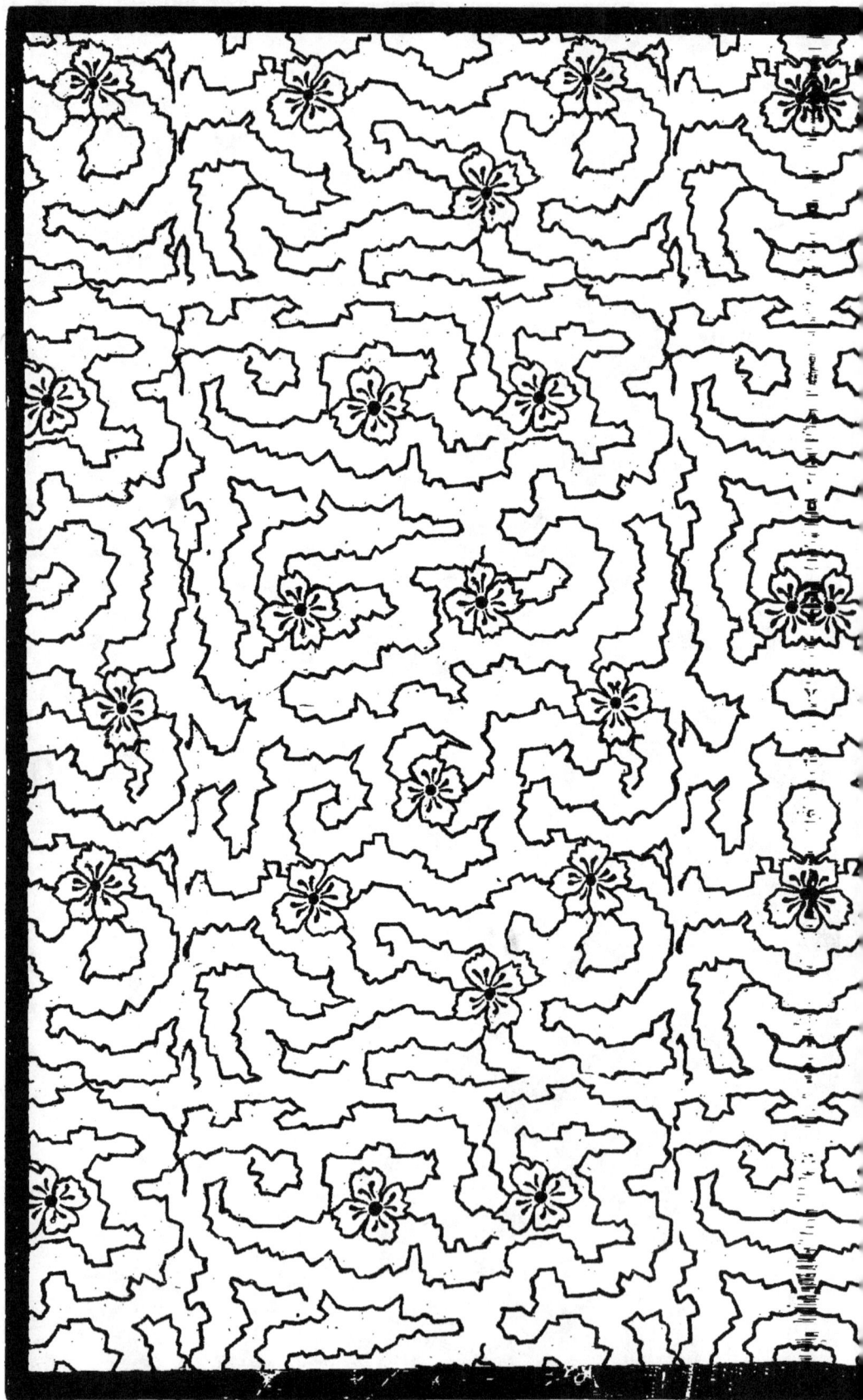

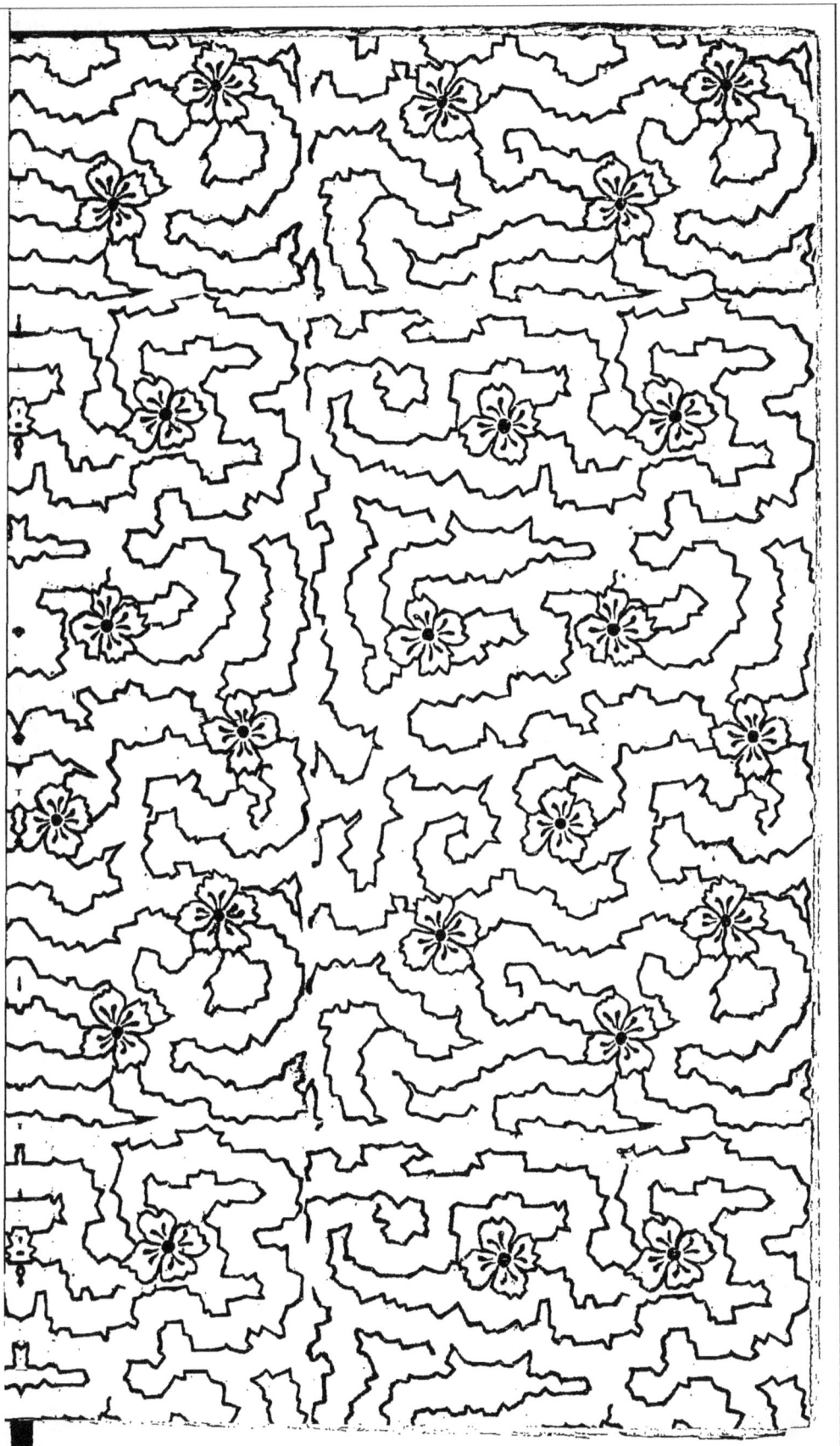

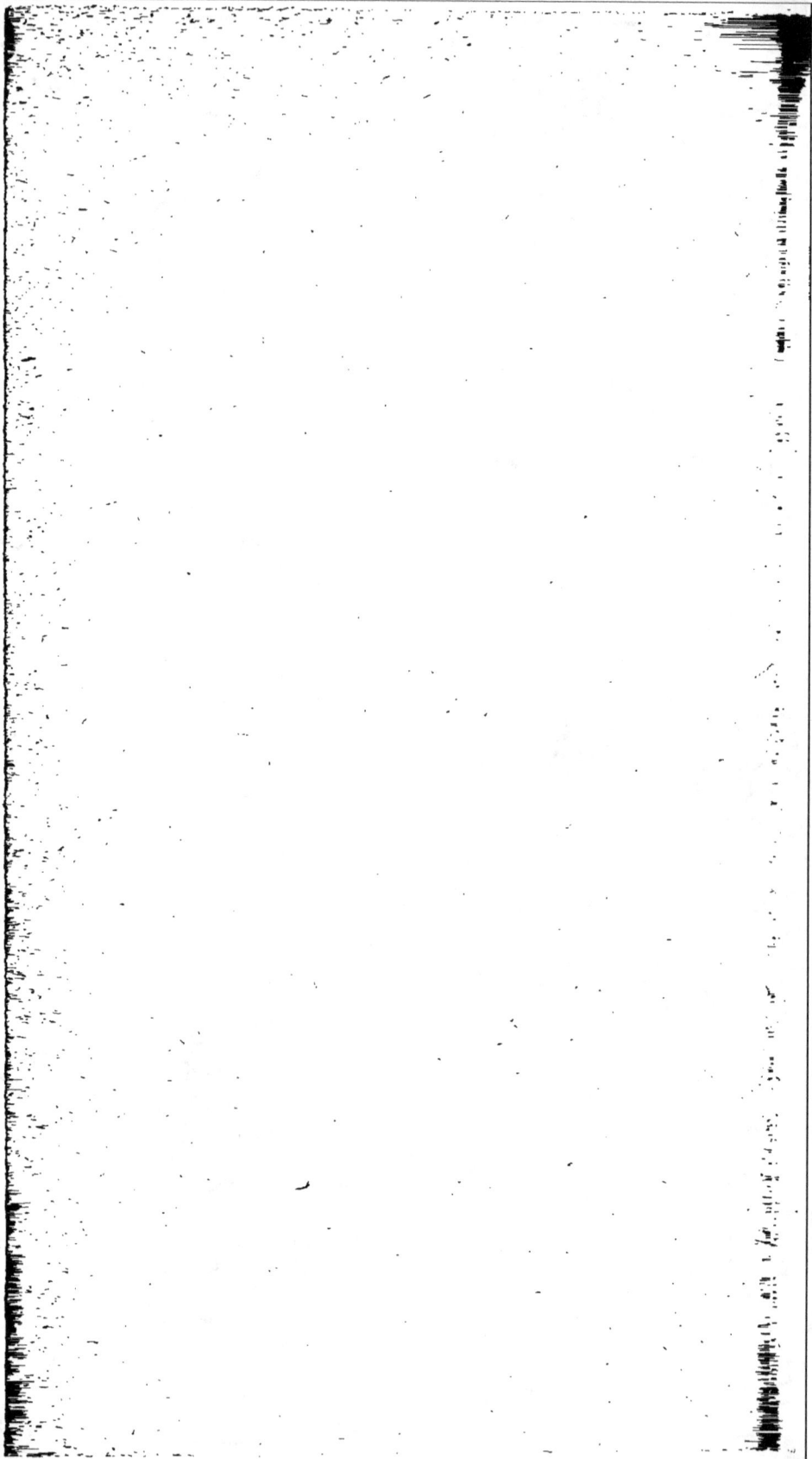

HISTOIRE

DE

JEAN BART

PAR

VALENTIN FRÉVILLE

LIMOGES

EUGÈNE ARDANT ET Cⁱᵉ, ÉDITEURS.

Jean Bart.

Ce in-12.

JEAN BART

Jean Bart naquit à Dunkerque eu 1650. Son père, Cornille Bart, capitaine de corsaire, qui s'était acquis une grande réputation de bravoure, reçut, pendant le siége de Dunkerque par les Anglais, dans le flanc droit, deux balles de mousquet, dont il mourut. Dès ce moment, le jeune Bart jura une haine mortelle aux Anglais. On verra qu'il a tenu son serment.

Jean Bart, qui n'était alors âgé que de neuf ans environ, était un robuste garçon, d'une taille moyenne, mais vigoureuse. Son front large, ses sourcils prononcés, ses grands yeux bleus bien fendus et bien vifs, exprimaient

une résolution peu commune, tandis que ses
bonnes joues rondes, hâlées par le grand air,
annonçaient la force et la santé. La turbulence
et la vivacité du *jeune Monsieur*, ainsi que le
nommait son vieil ami Sauret, vieux matelot et
serviteur de son père, étaient témoignées par
maints accrocs plus ou moins récents de son
justaucorps et de ses chausses, qui lui attiraient
d'incessantes réprimandes de Catherine Bart,
sa mère.

Dès son enfance, Jean Bart fit preuve d'un
goût prononcé pour la marine. Aussi, au lieu
d'aller à l'école des Pères Minimes, aimait-il
mieux se rendre sur le port et monter aux
mâts des vaisseaux. Cette conduite ne plaisait
nullement à sa mère, qui n'y voyait que des
dangers pour son fils, et un jour qu'elle fit
observer à Cornille Bart que Jean connaissait
à peine ses lettres tandis que ses autres enfants
lisaient couramment :

— C'est vrai, femme, répondit-il; mais
mon petit Jean sait lire dans le gréement d'un
vaisseau, et il pourrait te nommer les mâts,

voiles et manœuvres d'un navire, depuis l'*arbre*
(le grand mât) jusqu'au bourset (grand mât de
hune), et depuis le *pacfi* (la grande voile)
jusqu'au bâ on d'enseigne... Après tout, femme, je ne veux pas en faire un clerc non
plus...

Le vieux corsaire avait pressenti l'avenir de
son fils.

A peine âgé de dix-sept ans, Jean Bart
servait de second maître à bord du brigantin
le Cochon-Gras, que M. le comte Charost,
gouverneur de Picardie et pays Boulonnais,
avait fait acheter pour servir de paquet-boot
entre la France et l'Angleterre ; mais depuis
la déclaration de la guerre de cette année
(1666), *le Cochon-Gras* faisait le service de
garde-côte, et croisait incessamment dans le
Pas-de-Calais, soit afin d'annoncer la venue
ou le passage des vaisseaux ennemis, soit afin
de piloter dans le Havre de Calais les vaisseaux
hollandais assez désemparés pour ne pouvoir
regagner un de leurs ports.

Depuis huit ans, Jean Bart avait tellement

changé, qu'une mère seule aurait pu reconnaître en lui ce frais enfant d'autrefois, aux joues roses et aux cheveux blonds. Ses traits avaient grossi et pris un caractère prononcé ; c'était maintenant un robuste garçon, d'assez haute taille, à l'air insouciant et hardi, au teint hâlé par la bise de mer, aux épaules larges, carrées et un peu rondes, qui dénotaient une force extraordinaire ; ses yeux étaient toujours clairs et perçants, mais les longs cheveux blonds; que Catherine Bart aimait tant à caresser, avaient été si souvent coupés, que le front saillant et large de son fils n'était plus couvert que d'une chevelure courte, épaisse et rude comme les crins d'une brosse.

La France et la Hollande venaient de s'allier contre l'Angleterre. La flotte hollandaise, sous les ordres de l'amiral Ruyter, se trouvait, à la hauteur des bancs d'Harwich, prête à attaquer la flotte anglaise. Deux jeunes cavaliers français, MM. d'Harcourt et de Cavoye, qui avaient obtenu de Louis XIV la permission d'aller joindre l'amiral, se présentèrent à bord **du**

Cochon-Gras, vers huit heures du soir, avec un ordre du gouverneur, pour le pilote, pour se faire conduire auprès de Ruyter. Le maître du brigantin, maître Vallué, était allé en haute mer pour piloter une ramberge hollandaise dans la passe de Calais. Ce fut donc Jean Bart qui reçut les deux chevaliers ; l'ordre était positif. Jean Bart leur proposa de les conduire en l'absence du maître. Son jeune âge les fit hésiter quelques instants ; mais sa fermeté et son air de conviction les confondirent tellement, qu'ils acceptèrent sa proposition.

Un quart-d'heure après, le léger bâtiment, doublant la pointe de Kenean, courait du nord-est, favorisé par le brise et le jusant. Le lendemain au matin il arrivait dans les eaux du vaisseau, *Sept-Provinces*, de quatre-vingt, sur lequel Ruyter avait mis son pavillon amiral. Le soldat de garde au château d'avant héla une caravelle qui, toutes voiles dehors, paraissait se diriger vers l'amiral.

— FRANCE, *et message du gouverneur de Calais*, répondit-on en assez bon hollandais, pendant que le léger navire approchait toujours.

— PASSE *à tribord*, — cria le soldat. Un instant après, la caravelle accostait au bas de l'échelle du vaisseau amiral, et MM. de Cavoye de d'Harcourt se trouvaient sur le pont des *Sept-Provinces*, précédés de Jean Bart, qui, plus leste et plus au fait de la gymnastique maritime, les avait devancés. La vue de Ruyter le remplit d'un si grand enthousiasme, qu'il lui demanda de le garder sur son escadre. Le ton résolu dont il appuya cette demande décida l'amiral à le prendre à son bord. Les rêves de Jean Bart s'étaient réalisés, il allait enfin, comme il disait, tirer du canon sur les Anglais, ou en voir tirer... mais là... de bien près...

Les bancs d'Harwich sont situés au large de l'embouchure de la Tamise. Ainsi qu'on l'a vu plus haut, la flotte des Provinces-Unies y était à l'ancre le 30 juillet : elle était forte de soixante-quinze navires de guerre et de onze brûlots.

La flotte anglaise, commandée par le général Monk et le prince Robert, composée de soixante-seize vaisseaux , sans compter les brûlots et les bâtiments légers, était mouillée auprès de Lucens-Boroug, non loin de l'île de Shepey. Les flottes ennemies étaient donc à une distance d'environ vingt lieues l'une de l'autre,et n'attendaient sans doute qu'un temps favorable.pour se livrer bataille.

Jean Bart était heureux ; il allait assister à un combat, à un grand combat naval, disait-il.

Enfin, le 3 août, ses désirs furent réalisés. Au lever du soleil, la flotte anglaise fut signalée toutes voiles au vent. On déjeuna en toute hâte, et on attendit dans le plus grand silence... Ce ne fut que sur le coup de midi que le second lieutenant cria : Canonniers, faites feu. Jean Bart était mireur et tireur.

Un instant avant que la bataille ne s'engeât, Jean Bart, s'adressant à un matelot français, nommé Sauret, qui était venu avec *le Cochon-Gras*, et qui, sur ses instances, avait été inscrit avec lui.

— Ah çà! mon vieux Sauret, lui dit-il, je n'ai jamais vu pareille fête... Je ne crois pas avoir peur ; mais je ne veux pas déshonorer le nom de Bart... Ainsi, veille bien sur moi... et si je pâlis... si je suis lâche... casse-moi la tête.

En terminant sa recommandation, il remit un pistolet au vieux matelot.

Cependant, dès la première bordée, Jean Bart, voyant trois hommes de sa pièce jetés sur les bragues, et se voyant couvert de leur sang, il pâlit. Mais à la seconde bordée, relevant fièrement sa tête, les yeux brillants :

— Allons, Sainte-Croix ! je n'ai plus peur, et je pourrai venger mon père sur les Anglais.

Il était environ neuf heures quand le feu cessa. L'amiral descendit dans la batterie, et, passant auprès de notre pièce, il donna un petit coup sur l'épaule de Jean Bart en lui disant :

— *Eh bien! mon enfant, comment trouves-tu cela ?*

— Je trouve ça si brave et si beau, que j'en dirais long, si j'avais le gosier moins sec, monsieur l'amiral.

Le combat recommença avec une nouvelle ardeur le lendemain. Jean Bart se fit remarquer par son sang-froid ; il mirait, il pointait sans cesse, en poussant des cris de joie comme un enfant en approchant la mèche de la lumière, et, lorsqu'il se trouvait trop échauffé, il se plongeait la tête dans la baille d'eau de mer, qui était là pour rafraîchir les canons, en disant complaisamment :

— *Ce qui est bon pour le canon est bon pour le canonnier.*

La flotte anglaise fut si maltraitée, qu'elle fut forcée de battre en retraite et de rentrer dans la Tamise.

Louis XIV envoya à Ruyter le collier de l'ordre de Saint-Michel, en témoignage des services qu'il venait de rendre à la France. De nombreux détachements de marins assistaient à la cérémonie. Au premier rang étaient Jean Bart et Sauret

Cette scène fit une si vive impression à Jean Bart, qu'il n'en parla qu'avec une extrême exaltation de souvenir jusqu'à ses derniers jours, et, dès ce moment, l'ambition et la ferme résolution d'être un jour le héros d'une pareille cérémonie, commença à s'établir *toute en son âme*, selon son énergique et naïve expression.

En sortant de la grande salle, les yeux de Jean Bart brillaient d'un éclat extraordinaire, et, s'adressant à son camarade Sauret, il s'écria :

— Sainte-Croix ! vieux Sauret, quel jour pour M. l'amiral de Ruyter !... Aussi bien j'espère..., oui, c'est comme malgré moi, mais j'espère ; et puis, tiens, vois-tu, je crois que c'est d'entendre les récits de bataille du *Renard de la mer* et de mon père qui m'ont fait matelot..., comme je crois que 'a vue de toutes ces grâces accordées à ce vaillant amiral me donne l'ambition d'en obtenir autant, et me fera peut-être aussi un jour amiral.

— Dà !... l'amiral Jean Bart... eh ! l'amiral Jean Bart... Cela résonnerait galamment aux oreilles du vieux Sauret ; mais il y a une chose, la discipline militaire, qui ne vous sied guère du moins, et bien fort et bien adroit celui qui vous bridera.

— Tu as raison, vieux Sauret, l'abordage, l'abordage, à chacun son ennemi, à chacun sa hache ; et hurra pour le vainqueur, c'est la vraie guerre... Oui, oui, je crois que j'aimerais mieux commander la caravelle du vieux Valbué qu'un de ces vaisseaux de haut bord, s'il fallait être soumis aux ordres d'un amiral, et puis avoir mon matelot de gauche, mon matelot de droite, mon matelot d'avant, mon matelot d'arrière... Non, non, poupe et proue, bâbord et tribord ; je veux çà libre et bien à moi... Le marin n'est marin que seul et en haute mer, n'attendant d'ordres que de lui, et n'espérant qu'en Dieu.

L'exaltation du futur amiral Jean ne fut calmée que par le commandement du sergent de se rendre à bord, où il y eut grand gala en l'honneur de Ruyter.

Le traité de paix, qui fut signé à Breda le

31 juillet 1666, entre les Etats-Généraux, l'Angleterre et la Hollande, fit rentrer les flottes dans leurs ports, et Jean Bart demeura au service de la Hollande, où, par la protection de Ruyter, il entra dans la marine commerciale.

Le 10 avril 1672, le brigantin hollandais, *le Canard doré*, était mouillé dans le port de Flessingue. M. Sroëlt en était le capitaine. Gaspard Keyser était son premier lieutenant, et Jean Bart le second, Jean Bart avait alors vingt-deux ans ; une moustache blonde assez épaisse couvrait sa lèvre, sa figure avait pris une teinte plus brune, et ses sourcils, ainsi que ses cheveux, étaient devenus presque châtains ; ses larges épaules et ses membres musculeux annonçaient chez lui une force prodigieuse ; mais ses yeux bleus, toujours vifs et bien ouverts, pétillaient de hardiesse et de gaieté.

Comme les deux lieutenants venaient de terminer leur déjeuner, le capitaine Sroëlt entra dans la cabine en compagnie du secré-

taire du collège de l'amirauté de Flessingue,
M. Van Berg. A la vue de leur capitaine, les
deux jeunes marins se disposaient à sortir. Le
capitaine retint Jean Bart en lui disant
qu'il avait à lui parler.

M. Van Berg, au nom de MM. de l'amirauté de Flessingue, proposa à Jean Bart de
le nommer second lieutenant à bord d'une
quaiche de guerre.

— D'une quaiche de guerre? moi...servir
militairement ni plus ni moins qu'un soldat !
chapeau bordé en tête, habit vert au dos, sabre
au côté, saluer le lieutenant, saluer le second,
saluer le capitaine, saluer ci, saluer ça... ou
à l'amende. Non, non ; quand on me prendra
à naviguer au militaire, le *Canard doré* du
bonhomme Sroëlt gloussera et battra des
ailes.

— Mais, songez donc, jeune homme,
qu'une fois au service de la Hollande, vous
pouvez devenir . . . . lieutenant ! capitaine !

— Oui, oui, lieutenant bridé, capitaine

bridé, ne pouvoir déferler une voile, ou tirer
un coup ,de canon sans dire : *Plaît-il!*....
Non, non, vous prenez le saumon pour la truite
monsieur du velours noir.

— Ainsi donc, mon jeune ami, vous refusez
le service militaire ?

— Oui, cent fois oui, aussi bien que vous
refuseriez de troquer votre plume et votre écri-
toire contre une hache et un polverin (corne
d'amorce) si on vous le demandait.

— Mais si par hasard MM. de l'amirauté
vous offraient le commandement d'une caravelle dé six canons, bien armée et bien
équipée, que diriez-vous à cela, mon jeune
ami.

— Sainte-Croix ! mon brave monsieur, cela
sonne autrement , n'être ni gêné, ni entravé
par personne à son bord, si ce n'est pas tout,
c'est beaucoup; car au moins, si l'on a des
voisins, on est seul dans sa maison. Aussi pour
la caravelle de six canons, je dirais autant de
oui que je disais de non pour la bride de

guerre que vous vouliez me donner à ron-
ger.

— A ce prix vous engageriez-vous au service des Etats?

— Un instant, mon digne monsieur, à la
condition que Gaspard Keyser aura une caravelle comme moi.

— Mais vous déraisonnez, jeune homme.

— Je déraisonne ! mais c'est vous, mon
brave homme, en refusant mon matelot, meilleur marin que moi. Vous ne voulez pas ?
Adieu.

— Mais.....

— Il n'y a pas de mais, une caravalle pour
moi, une caravalle pour Keyser, ou rien...

— Mais M. l'amiral dira...

— Mais, Sainte-Croix ! il n'y a pas d'a-
miral là-dedans. Est-ce oui, est-ce non ?

— Mais votre ami consentira-t-il?

— Un matelot n'a que la parole de son
matelot !

— Veuillez donc lui demander. Non que
je promette positivement, car ce serait en vérité
trop m'engager..... et.....

— Alors, rien de fait.... Bonjour.

Et Jean Bart sortait, si M. Van Berg n'eût crié :

— Si, si, je promets ; décidez-le, et tout est fini.

Jean Bart accosta son camarade en lui disant :

— Bonjour, capitaine Keyser, capitaine de la caravalle le *Canard*, pour sûr.

— Allons, fou, tais-toi ; tiens, voici une lettre du vieux Sauret, qu'un patron de Bélandre a apportée.

Il s'agit bien du vieux Sauret et de Dunkerque ? — dit Jean Bart, en prenant la lettre. — Je te dis, Keyser, que tu es capitaine, capitaine d'une caravelle de six canons, et moi aussi.

— Tu es fou !

Enfin cédant au ton de conviction de Jean Bart :

— Merci, matelot !

Ils se serrèrent la main et se rendirent dans la cabine.

— Voilà Keyser — dit Jean Bart — il accepte ; touchez là, monsieur !

— A'lons, bien, mes jeunes amis, les Etats-Généraux comptent deux braves marins de plus, dit Van Berg ; mais il s'agit de signer l'engagement que voici, et que je vais vous lire.

— Si vous voulez, je le lirai moi-même, — demanda Keyser, plus méfiant que Jean Bart.

L'engagement conférait aux deux jeunes marins le grade de lieutenants de brûlots, et le commandement des caravelles *le Cerf* et *la Trompe d'Éléphant*.

Jean Bart fit sa croix en disant :

— Excusez-moi, monsieur le secrétaire si je ne suis pas clerc ; mais cette croix m'engage à vous tête et corps pour quatre ans.

Le secrétaire au comble de la joie de voir l'engagement signé :

— Eh bien ! capitaine Sroëlt, dit-il, ne viderons-nous pas une bouteille de ce vin vieux de Bordeaux qui moisit dans votre soute pour fêter nos jeunes commandants ?

— Si, pardieu ! monsieur le secrétaire ; et si Keyser veut appeler mon garçon, il va nous en monter.

— En même temps, Keyser, — dit Jean Bart, — lis donc ce que le vieux Sauret me raconte. Voici sa lettre.

Keyser, le tint livide, rentra presque aussi-tôt sortit de la cabine et fermant la porte à clef : — Fais comme moi, cria-t-il à Jean Bart, en sautant au collet de M. Van Berg.

Jean exécuta la manœuvre, et serra le cou du capitaine à l'étrangler.

— Mets-leur un gobelet entre les dents, dit Keyser et amarre-le avec un mouchoir.

Aussitôt dit, aussitôt fait.

Amarre-leur les coudes avec la corde du panneau.

Ainsi liés et baillonnés, il ne pouvaient ni faire un mouvement, ni pousser un cri.

— Pourquoi tout cela, demanda enfin Jean Bart.

— Pourquoi, parce qu'ils ne voulaient rien moins que nous faire fusiller en France, aussitôt arrivés, si la fantaisie nous en avait pris.

— Sainte-Croix ! que dis-je.

— La lettre du vieux Sauret t'apporte la déclaration de guerre entre la France et la Hollande, qui a été affichée à Dunkerque, et voici la fin.

« *Recommandons à nos sujets de ne prendre aucun service chez nos ennemis sous peine de la hart.* » — De la corde, si tu aimes mieux.

Ils se mirent aussitôt à fouiller le secrétaire pour retrouver l'engagement, qu'ils déchirèrent et dont ils jetèrent les morceaux à la mer.

Après s'être assurés que les liens qui attachaient les deux malencontreuses victimes étaient bien consolidés, ils fermèrent la porte en recommandant à l'équipage de ne pas interrompre la conférence et se firent conduire à terre.

Deux jours plus tard ils arrivaient à Flessingue ; et deux jours après ils entraient à Dunkerque.

Les deux amis prirent de l'emploi à bord d'un corsaire, mais leur intrépidité les fit bientôt apprécier par les armateurs qui leur confièrent à chacun un bâtiment. Jean-Bart avec la galiote *le roi David*, et Keyser avec *l'Alexandre*, s'emparèrent, le 2 avril 1674, de *l'Homme-Sauvage*, bâtiment hollandais chargé de charbon. Les prises nombreuses de Jean-Bart, et particulièrement celle d'un vaisseau de guerre de Hollande de trente deux pièces de canon lui valut une magnifique chaîne d'or que le roi lui envoya en récompense de son action brillante.

Jean Bart exerçait une telle influence sur les corsaires de Dunkerque qu'il fut un moment question de les former en escadre sous son commandement, comme le témoigne le mémoire du roi à M. Hubert, intendant de la marine à Dunkerque, du 18 septembre 1676, à Versailles.

Le mois de janvier 1679, Louis XIV envoya le brevet de lieutenant dans la marine royale à Jean Bart, qui le refusa, et sur l'observation que lui fit le maréchal d'Estrades qu'on pourrait le forcer à servir :

— Me forcer à servir, moi !

— Oui, vous, monsieur Bart.

— Il faudrait avoir rudement du poil aux yeux pour me faire servir malgré moi, M. le maréchal?

— Savez-vous, M. Bart, qu'il y a des prisons dans Dunkerque pour enfermer les mauvais serviteurs.

— Eh bien.... Est-ce donc cela que vous appeler me forcer à servir?

— Mais si le Roi vous l'ordonnait lui-même, ajouta le maréchal.

— Je lui répondrais : Non, monsieur.

— Vous répondriez non à Sa Majesté?

— Comme je le fais à vous-même, et j'ajouterais : Sire, je ne suis pas un trop mauvais capitaine de corsaire, je vous fais gagner pas mal de tiers de prises sans que vous dépensiez un sou. Je vous prends des bâtiments, des canons; je vous rosse les Anglais et les Hollandais, que c'est un plaisir ; à chacun son

métier; laissez-moi continuer le mien ou
donnez-moi une bonne frégate, alors je pour-
rais vous être utile à quelque chose, mais
comme lieutenant, non. C'est convenu, vous
n'en tâterez pas, ni moi non plus.

— Je plaisantais, monsieur Bart, répondit
le maréchal, Sa Majesté n'a jamais forcé personne à le servir.

En effet Jean Bart avait le droit de se vanter
de faire participer le Roi à pas mal de prises,
car d'après la liste sommaire des registres du
conseil des prises (*Arch. du Roy.*) on compte :

Dans l'année 1674 : 10 prises.
Dans l'année 1675 : 7 prises.
Dans l'année 1676 : 16 prises. TOTAL : 52 prises.
Dans l'année 1677 : 16 prises.
Dans l'année 1678 : 3 prises.

On a vu par la conversation entre le maréchal d'Estrades et Jean Bart que ce dernier
préférait de beaucoup demeurer capitaine de
Corsaire que de naviguer en sous ordre à bord
d'un navire de guerre ; mais Colbert était trop
éclairé pour ne pas comprendre tous les par-
tis qu'il pourrait tirer de Jean Bart ; c'est ainsi

qu'en 1681 il lui fit donner le commandement de deux frégates pour courir sus aux pirates de Salé. Il est le premier lieutenant de vaisseau qui a cette époque, ait reçu un tel commandement.

Jean Bart mit à la voile le 17 avril 1681, et le 30 juin, comme il se trouvait à la hauteur des côtes du Portugal, deux pirates saletins de 20 et de 24 pièces de canon furent signalés. Il leur donna chasse sous toutes voiles. L'un se réfugia sous le pavillon de l'escadre anglaise, mais l'autre fit force de voiles vers les côtes d'Algarve ; il était si vivement poursuivi qu'il fut forcé de se jeter à la côte. Il y avait à bord cent trois Maures qui furent faits esclaves par les indigènes. Jean Bart les fit réclamer comme étant ses prisonniers. On ne voulut les lui livrer que sur ordre du régent. Ce fut le seul résultat de Jean Bart dans la Méditerranée. Il rentra à Dunkerque après une croisière d'un an et reprit la navigation commerciale pour le compte de ses armateurs. Ce n'est qu'en 1686 qu'il fut nommé capitaine de frégate

2

En 1686 Jean Bart, commandant *la Rail-leuse*, attaqua la flûte hollandaise *le Cheval-Marin*. L'engagement fut terrible. Selon sa coutume, Jean Bart était à l'arrière, attendant le moment d'ordonner l'abordage. La première bordée du *Cheval-Marin* tua ou blessa onze hommes, et un boulet vint se loger dans les caissons du couronnement tout près de Jean Bart et de son fils âgé de douze ans, qui voyait le feu pour la première fois. A ce bruit épouvantable, le pauvre enfant songea d'abord à fuir. Son père le saisit par le bras, et, pour l'encourager, lui dit en riant.

— Voilà les premières dragées de ton baptème de corsaire, mon petit Cornille. Ne te baisse pas pour les ramasser.... il s'en trouvera d'autres.... Il le prit dans ses bras et l'embrassant avec tendresse ;

— Je te dis que ce n'est rien, cela n'attrape que les couards, et alors cela ne nous regarde pas.

La Hollandaise avait viré de bord et revenait sur *la Railleuse* serrant le vent. Le lieutenant de Jean Bart, Peter-Mall, lui demanda s'il fallait lâcher la bordée.

— Non, Sainte-Croix ! non... qu'on soit paré pour l'abordage ; attends qu'ils soient bord à bord, et alors, vieux Mall, envoie leur ça à la Dunkerquoise, *qac la bourre ferme le trou du boulet et lui serve d'emplâtre....* N'est-il pas vrai, mon petit Cornille ?....

A ce moment, *le Cheval-Marin* lâcha sa seconde bordée, qui fit peu de dommage ; mais le jeune Bart, saisi de frayeur, se jeta sur le pont en s'écriant :

— Mon père, j'ai peur !... Mon père, je suis perdu !

Quelles idées passèrent sur le large front de Jean Bart, nul ne peut le dire... Cependant il fallait prendre un parti. Le moment de l'abordage approchait ; l'équipage attendait en silence... Poussé par un sentiment de courage féroce, Jean Bart saisi un bout de manœuvre, releva son fils, et, avec l'aide de son lieutenant, l'attacha au mât d'artimon, la face tournée à l'avant ; puis, sautant sur le couronne-

ment : Feu !... feu !... partout !... et aborde,
cria-t-il d'une voix terrible. Tournant aussitôt
ses regards sur son fils, il eut la gloire de voir
qu'il redressait fièrement sa tête, et que son
air était fixe et hardi. Peu de temps après *la
Hollandaise* était amarinée.

L'intrépidité de Jean Bart, et surtout sa
prompte décision, le faisaient choisir pour les
entreprises hasardeuses et téméraires, comme
le prouve la dépêche ci-après du 12 février de
M. Seigneley à M. Paloutet, intendant à Dunkerque.

— Je vous ai écrit en diligence, le 7 de ce
mois, d'armer la frégate *la Railleuse*, sous le
commandement du sieur Bart, pour passer
promptement à Brest les trente milliers de
poudre de plomb et de mèches. Il faut que
vous joigne à cette frégate *la Serpente*, commandée par M. le chevalier Forbin. Ces deux
bâtiments prendront les munitions ci-dessus,
et se rendront ensuite au Havre, pour embarquer celles que M. de Louvigny leur donnera.
J'écris au sieur Bart *qu'il y a à la hauteur de*

Plymouth six frégates hollandaises, comman-dées par le vice-amiral Vander Putten, et qu'il doit y avoir aussi six vaisseaux anglais dans la Manche afin qu'il les évite. Sa Majesté désire néanmoins qu'il donne chasse aux corsaires hollandais qui sont en grand nombre sur les côtes de France, et qu'il fasse en sorte d'en enlever quelques-uns. (*Bibl. roy. Mss.*)

C'était livrer bataille sur un volcan.

Cette mission périlleuse fut remplie avec le plus grand succès. Les deux capitaines entrèrent dans le port du Havre, traînant à leur remorque deux navires espagnols, *le Roi David* et *l'Union.*

Jean Bart fut ensuite chargé de protéger un convoi de vingt navires marchands jusqu'à Brest. Arrivé par le travers des Casquettes, deux vaisseaux anglais, de cinquante canons chacun, furent signalés. Des forces si supérieures effrayèrent le chevalier de Forbin, alors sous ses ordres, qui lui conseilla d'éviter le combat, au r'sque d'exposer la flotte marchande à être prise ou détruite.

— Fuir devant l'ennemi , s'écria Jean Bart, jamais !... et le signal du combat flotta au haut des mâts. Il arma comme il put trois des navires marchands, donna l'ordre aux autres de prendre le large au plus vite, et vire fièrement sur l'ennemi. Le combat fut long et terrible ; plusieurs fois Jean Bart tenta l'abordage ; mais les trois bâtiments marchands n'ayant pas secondé sa manœuvre, il fallut céder au nombre. Cependant Jean Bart n'amena son pavillon qu'après avoir vu son navire et son équipage hâchés par les boulets et la mitraille. Quoique serré de près dans sa prison de Plymouth, il parvint à s'évader, fit soixante lieues en mer dans un canot de pêcheur, et arriva sur les côtes de France. Le Roi l'éleva au grade de capitaine de vaisseau à la suite de cette évasion, 25 juin 1689.

Le 23 mars 1689, Jean Bart partit de Dunkerque avec les vaisseaux *l'Alcyon*, *le Capricieux* ou *l'Opiniâtre*, et fit six prises importantes sur les Hollandais, par le travers du Texel, sur le Dogher-Banc.

Cette même année, une flotte fut envoyée en croisière dans la Manche, sous les ordres de Châteaurenault. Jean Bart en fit partie avec le vaisseau *l'Alcyon*. Aussitôt après la rentrée de la flotte dans les ports, il se remit en mer avec le même navire, et prit dans l'espace de quatre mois, douze navires, qu'il rançonna pour la somme de 134, 250 livres. La fin du procès-verbal ci-après prouve que Jean Bart avait une bien petite part à ses prises.

, — Sa Majesté a confirmé et confirme ledit jugement du 6 novembre 1690, et, ce faisant, a confisqué à son profit lesdites douze rançons desdits bâtiments, et, en conséquence, ordonne que la somme de 131, 250 livres, à laquelle elle se montent, sera remise, si fait n'a été, au commis ou trésorier de la marine du port de Dunkerque, pour être employée, ainsi qu'il lui sera ordonné, à la réserve du dixième appartenant au sieur comte de Toulouse, amiral de France.

Signé : BOUCHERAT.
(*Archives du royaume 1690.*)

C'est à cette époque que se rapporte une anecdote qui dépeint merveilleusement l'intrépidité et l'inébranlable résolution de Jean Bart.

S'étant retiré à Bergen, port neutre, où il restait pour se radouber, un jour qu'il se promait à terre, le capitaine d'un corsaire anglais l'aborde, et lui demande s'il n'est pas Jean Bart.

— Oui, répond celui-ci.

— Eh bien ! reprend l'Anglais, il y a longtemps que je vous cherche, je veux avoir une affaire avec vous.

— J'accepte, dit Jean Bart ; aussitôt mon navire réparé, nous irons nous battre en pleine mer.

Sur le point de quitter le port l'Anglais l'invite à déjeuner à son bord.

— Deux ennemis comme nous, répond Jean Bart, ne doivent se parler qu'à coups de canon.

L'Anglais insiste, sollicite, et Jean Bart, confiant dans sa loyauté, accepte enfin. Après le déjeuner , le capitaine anglais lui déclare qu'ayant juré de le ramener mort ou vif à Plymouth, il le fait son prisonnier, Jean Bart, indigné de tant de lâcheté, saisit une mèche allumée, se précipite vers un baril à poudre qui se trouvait par hasard sur le pont, et menace de faire sauter le navire si on ne lui rend sur-le-champ la liberté. A la vue de tant d'audace, l'équipage reste muet d'effroi. Les matelots français, qui étaient à peu de distance, entendent le cri de leur capitaine, volent à sa défense, et, malgré la neutralité du port, enlèvent à l'abordage et coulent bas le navire anglais.

Jean Bart fit la campagne de la Manche, sous le chevalier de Tourville, comme capitaine de *l'Entendu*. Aussitôt la flotte rentrée dans les ports, il fit part à M. Pontchartrain, comme il l'avait fait à M. Seignelay, du projet de lancer une escadre dans le nord contre le commerce hollandais. Son idée fut acceptée cette fois, et on lui donna le soin de l'exécution.

La lettre suivante de M. Paloutel, intendant

à Dunkerque, rapporte un trait d'une audace sans exemple de Jean Bart.

A M. de Villermont.

A Dunkerque, le 26 juillet 1691.

— « En accusant, monsieur, la réception de la lettre que vous m'avez fait l'honneur de m'écrire, je vous donnerai avis du passage de l'escadre de M. Bart, cette nuit, à travers trente sept vaisseaux des ennemis, dont dix-huit ou vingt lui donnent à présent chasse, et, je crois, assez inutilement.

» M. Bart a été près de quinze jours dans la rade sans que les ennemis aient jugé à propos de venir l'attaquer ; les vaisseaux de son escadre n'étant que de quarante pièces de canon (les plus forts), *ils sont sortis du port le boute-feu à la main.*

» Je ne saurais vous dire la force des vaisseaux qui occupent les passes de cette rade ; il y en a depuis soixante jusqu'à vingt-quatre canons. (*Bibl. roy. — Collection Dangeau. Dunkerque.*)

Au point du jour, les Anglais avaient complétement perdu ses traces, et, vers le soir, Jean Bart ayant reconnu quatre vaisseaux anglais escortés de deux vaisseaux de guerre, l'un de quarante canons et l'autre de cinquante, il les serra de près toute la nuit, les attaqua dès la première heure le lendemain matin, et les força à se rendre après un combat court mais terrible. Peu de jours après, il attaqua la flotte hollandaise, qui revenait de la pêche aux harengs, qu'escortaient deux vaisseaux de quarante, qu'il enleva à l'abordage avec plusieurs bâtiments de pêche.

Louis XIV l'ayant mandé à la cour, il lui demanda comment il avait fait pour passer au travers des Anglais ; Jean Bart, voulant faire une peinture énergique de cette sortie, rangea plusieurs courtisans en ligne serrée, les écarta, administrant de furieux coups de poings et de coude, puis, s'adressant au roi :

« *Sire, voici comment j'ai fait pour passer à travers l'ennemi !* »

Le combat de la Hogue avait presque

anéanti la marine de Louis XIV, et les ennemis bloquaient tous les ports français. Vingt-deux vaisseaux croisaient devant Dunkerque ; Jean Bart parvint encore à sortir avec trois frégates *le Comte* de 44, *l'Hercule* de 36, *le Tigre* de 36, et un brûlot. Le lendemain, 8 octobre 1593, il enlevait quatre vaisseaux anglais ; le 10, il attaquait une flotte anglaise de 86 navires de commerce sur lesquels sept restèrent en son pouvoir ; deux jours après, il brûlait plusieurs centaines de maisons aux environs de Neucastle, et enfin il rentra à Dunkerque avec ses prises, estimées 450,000 livres.

Cette même année, il contribua à la brillante affaire de Lagos sous les ordres de Tourville.

Le 19 août 1694, Louis XIV le nomma chevalier de Saint-Louis. Un mois plus tard M. de Pontchartrain lui transmettait l'ordre de Sa Majesté d'appareiller son escadre et d'y joindre les flûtes *le Bienvenu* et *le Portefaix*. Il avait pour mission de protéger une flotte chargée de blé qui devait partir de Fleker, lui laissant le libre arbitre des mesures à prendre, suivant les nécessités.

Jean Bart mit donc à la voile. Sa lettre, ci-après au ministre de la marine, en donnant les plus grand détails sur son brillant combat du 29 juillet, montre comment il remplit cette mission importante.

A Dunkerque, le 3 juillet 1694.

— « J'ai l'honneur, monseigneur, de vous rendre compte que, le 29 du mois passé, je rencontrai, entre le Texel et la Meuse, douze lieues au large, huit navires de guerre hollandais, dont un portait pavillon de contre-amiral. J'envoyai les reconnaître : on me rapporta qu'ils avaient arrêté la flotte de grains destinés pour la France, et avaient amariné tous les vaisseaux qui la composaient, après en avoir tiré tous les maîtres. Je crus, dans cette conjoncture, devoir les combattre pour leur ôter cette flotte. J'assemblai tous les capitaines des vaisseaux de mon escadre, et, après avoir tenu un conseil de guerre où le combat

Jean-Bart.   3

fut résolu, j'abordai le contre-amiral, monté
de quarante-huit pièces de canon, lequel
j'enlevai à l'abordage après une demi-heure
de combat. Je lui ai tué ou blessé cent cinquante hommes. Ce contre-amiral, nommé
Hyde de Frise, est du nombre des blessés : il
a un coup de pistolet dans la poitrine, un coup
de mousquet dans le bras gauche, qu'on a
été obligé de lui couper, et trois coups de sabre à la tête. Je n'ai perdu en cette occasion
que trois hommes et vingt-sept blessés.

» — *Le Mignon* a pris un de ces huit
vaisseaux de cinquante pièces de canon.

» *Le Fortuné* en a pris un autre de trente
pièces ; les cinq autres restant des huit, dont
un est de cinquante-huit pièces, un autre de
cinquante-quatre, deux de cinquante, et un
de quarante, ont pris la fuite après m'avoir
vu enlever leur contre-amiral.

» — J'ai amené ici trente navires de la
flotte, lesquels sont en rade.

» — J'ai donné ce combat à la vue des
vaisseaux de guerre danois et suédois, qui ont

été témoins de cette action sans s'y mêler. Ils sont passés aujourd'hui avec le reste des vaisseaux de charge, au nombre de soixante-six voiles, pour aller en France. . . . . .

» — L'exprès qui vous remettra cette lettre est mon fils, qui a vu l'action, aussi bien que le sieur Vandeermeerch, mon beau-frère.

» Le chevalier BART

» Il y a, dans les trois navires de guerre hollandais pris, plus de trois cents hommes tués ou blessés. »

(*Arch. de la Mar. à Versailles.*)

Louis XIV récompensa cette action brillante par les lettres de noblesse qu'il envoya à Jean Bart le 1er août 1694.

C'était justice, car il venait en outre de faire cesser la disette qui désolait la France.

Le 18 juin 1696, Jean Bart, qui avait pris sa croisière entre le cap Dernous et le nord du Dogher-Banc, pour ne pas manquer une flotte hollandaise qui venait de la Baltique, l'attaqua, quoique supérieure en force. Elle se composait de quatre-vingts bâtiments marchands escortés par cinq navires de guerre dont deux de quatre-vingt-quatre canons, deux de trente-huit et de vingt-quatre. Il enleva les cinq convois après un combat opiniâtre dans lequel il eut quinze hommes tués, parmi lesquels était M. Carguères, et quinze blessés. Comme il le dit dans son rapport :

Il fit rendre lui-même en particulier celui de vingt-quatre pièces par le canon et la mousqueterie, et s'empara du commandant à l'abordage, qu'il ne lui refusa pas ; il donna ensuite dans la flotte avec l'escadre, où il y eut vingt-cinq grosses flûtes de cinq, six à sept cents tonneaux, chargées de blé, de mâts ou goudron, de prises, desquelles il en prit neuf pour sa part, et les autres furent prises par les autres vaisseaux de l'escadre. Il eût détruit toute la flotte sans une escadre de douze vaisseaux de guerre hollandais qui avaient été témoins du combat, et qui étaient à sa vue avant qu'il eût attaqué. Comme elle était fort supérieure en nombre et en grosseur, et qu'elle avait vent arrière sur lui avec un bon frais, et qu'il ne pouvait pas, sans compromettre beaucoup les armes du roi, entreprendre de soutenir contre cette escadre, il fut obligé de faire brûler toutes les prises marchandes, aussi bien que les autres vaisseaux de guerre, et donna celui de vingt-quatre canons, après avoir encloué et mouillé les poudres, pour reporter les prisonniers en Hollande, qui l'auraient fort embarrassé, s'il avait été obligé de livrer un second combat, et qui auraient d'ailleurs consommé tous ses vivres. Tout cela fut exécuté avec tant de diligence et si à propos, que les ennemis n'étaient qu'à deux portées de canon de lui, lorsqu'il commença à faire servir.

La gloire dont Jean Bart se couvrit dans cette campagne lui valut le grade de chef d'escadre. La prédiction du vieux Sauret, que *son jeune monsieur Jean* serait peut-être amiral comme Ruyter, était réalisée...

La vacance du trône de Pologne, par suite de la mort de Jean Sobieski, en 1696, fournit à Bart une nouvelle occasion de faire connaître ses merveilleuses preuves d'adresse, d'audace et de supériorité de manœuvre. Il avait pour mission de conduire M. le prince de Conti, qui avait été élu roi de Pologne, à Dantzik. Une flotte anglo-hollandaise bloquait le port de Dunkerque. Jean Bart choisit six des meilleures frégates qui se trouvaient dans le port, les fit armer avec la plus grande hâte, et le 6 septembre 1697, le vent et la marée étant favorables, il mit à la voile.

Jean Bart comprenait sa mission difficile et périlleuse, aussi prit-il toutes les précautions que put lui suggérer une longue et énergique expérience. Les canonniers, la mèche à la main, debout à côté de leurs pièces, dans la batterie, dont il avait fait soigneusement fermer les sabords ; il surveilla la manœuvre.

Les deux premiers jours, la légère escadre ne fit aucune rencontre ; ce n'est que le 8 au matin que la vigie signala trois vaisseaux et neuf frégates au vent. On se trouvait à la hauteur de la Tamise. Jean Bart, toujours im-

passible comme d'habitude, fit venir son fils,
lui parla bas à l'oreille, et reprit sa longue
vue pour examiner les ennemis, tandis que
son fils disparut par le panneau de la grand'
chambre. Les Anglais chassèrent inutilement
quatre heures durant. A une heure de l'après-
midi, Jean Bart s'aperçut qu'il gagnait de vitesse les ennemis. . . . . Deux heures plus
tard, il les avait perdus de vue.

Pour rassurer le prince de Conti, Jean Bart
lui avait persuadé que ces vaisseaux faisaient
partie d'un convoi marchand ; mais quand il se
vit en pleine sûreté, il descendit dans la chambre de Conti, qui n'avait nullement soupçonné
le danger.

— Savez-vous, monseigneur, lui dit-il,
que vous l'avez échappé belle.

— Je ne vous comprends pas, monsieur
Bart.

— Eh bien, monseigneur, nous avons été
chassés par trois vaisseaux de quatre-vingt et
neuf frégates.

— Et ces vaisseaux, monsieur Bart ? dit

M. le prince de Conti, qui ne put cacher un mouvement de surprise.

— Disparus, monseigneur, disparus.

— Mais, monsieur Bart, si nous avions été pris ?

— Oh ! monseigneur, nous prendre !... Je les en défiais bien.

— Comment cela ?

— Ah ! Sainte-Croix, cela était impossible, monseigneur.

— Comment impossible ?

— Par la raison que mon fils était dans la sainte-barbe, une mèche allumée à la main, avec l'ordre de mettre le feu aux poudres.

— Que dites-vous, monsieur Bart ? — s'écria le prince de Conti faisant un bond de son fauteuil, car il savait que Jean Bart l'aurait fait comme il le disait.

Je dis la vérité, monseigneur ; car je n'aurais jamais voulu qu'on pût dire : — Le prince de Conti a été pris sur un bâtiment que commandait Jean Bart, attendu que sa Majesté m'avait défendu de vous laisser prendre

— Cela est bel et bien, monsieur Bart, mais je vous défends d'avoir jamais recours à de tels moyens pour m'empêcher d'être pris.

Peu de jours après, la légère escadre jetait l'ancre à Elseneur, d'où elle partit le 17 septembre, et, malgré les vents contraires, déposa le prince de Conti à Dantzik, le dernier jour du même mois.

Vers le commencement de 1702, Jean Bart fut envoyé dans les mers du nord. Ce fut au retour de ces croisières qu'il mourut à Dunkerque, le 27 avril 1702, à l'âge de cinquante-deux ans.

Le caractère de Jean Bart fait époque dans les annales de la marine française ; son nom est passé en proverbe ; pour peindre un marin déterminé on dit : c'est un Jean Bart. Brave jusqu'à la témérité, doué d'une inébranlable résolution, franc jusqu'à la rudesse, il semble le vrai type de l'officier de marine.

DUGUAY-TROUIN

Duguay-Trouin naquit à Saint-Malo le 10 juin 1673. Son père, riche armateur de ce port, qui, de même que le père de Jean Bart, commandait des vaisseaux corsaires en temps de guerre et marchands en temps de paix, l'avait d'abord destiné à l'église. Il fut envoyé en conséquence au collège de Rennes, où il reçut les premiers ordres. La mort du père Duguay-Trouin changea complétement ces dispositions, et le jeune René abandonna une profession qu'il n'avait embrassée que par obéissance pour son père, pour laquel les avait le plus grand dégoût, et qui d'ailleurs était en opposition flagrante avec son caractère impétueux.

A peine rentré auprès de sa mère, qui avait pour lui la plus grande tendresse, il se livra à ses penchants turbulents. Il devint bientôt un des plus vaillants académistes de la ville de Caen, et, jeté au milieu d'une société de jeunes gens aussi étourdis que lui, il devint le héros d'une foule d'aventures de toutes sortes. Pour mettre fin à ces désordres, sa pauvre mère le suppliait de retourner à Saint-Malo et s'engager comme volontaire à bord d'un navire pour soutenir la gloire de son antique famille de corsaires. Duguay-Trouin se rendait aux pressantes supplications de sa mère, lui prodiguait ses caresses, lui racontait ses folies, dont elle tremblait et riait tout à la fois, et, une fois sa mère rassurée, il retournait auprès de ses joyeux compagnons, lui disant gaiement :

— « Pour recommencer à expérimenter la terre tant et si bien, qu'une fois homme de mer, il n'y voulut plus poser le pied. »

Au milieu de cette existence licencieuse et turbulente, Duguay-Trouin conserva toujours intacts ses principes de probité et d'honneur. Un trait qu'il raconte dans ses mémoires prouve combien ses principes étaient naturels et inébranlables chez lui.

Voici l'aventure :

Ayant mis l'épée à la main, à la suite d'une querelle, deux amis de son adversaire prêtèrent main forte à ce dernier. Un gentilhomme qui vint à passer, voyant le parti si inégal, se rangea du côté de Duguay-Trouin, qui aurait infailliblement succombé, le dégagea et l'emmena souper avec lui.

— «Ce jeune homme, — dit Duguay-Trouin, — c'était cependant un honnête filou que je ne connaissais pas, et même qui n'était pas connu pour tel : je l'appelle honnête en ce qu'il perdait noblement son argent ; mais aussi dès qu'il en manquait, il mettait son adresse en pratique. Au demeurant il était brave et joignait à une belle figure beaucoup d'esprit et des manières fort engageantes, le tout accompagné d'une passion pour le beau sexe et pour le vin qui allait jusqu'à la plus extrême débauche.

« Belle école pour un jeune homme de mon âge ! Il voulait que je fusse de tous ses plaisirs, me faisant le confident et fort souvent le compagnon de ses entreprises ; il m'apprit même quelques tours de cartes et de dés, dont, grâce à Dieu, je n'ai jamais fait usage. »

On n'aura pas de peine à le croire quand on saura que, malgré ses prises considérables, il mourut dans le plus grand dénûment.

Une nouvelle et dernière aventure qui fut évoquée par le parlement de Rouen et qui prit immédiatement une apparence de gravité, le fit retourner à Saint-Malo. Ce fut alors qu'il fut embarqué en qualité de volontaire sur *la Trinité*, frégate de dix-huit canons, armée par un de ses oncles. C'était en 1689. Il était âgé de seize ans. Son apprentissage eût commencé par un naufrage si le vent n'avait tourné tout-à-coup au moment où le bâtiment allait se briser contre les rochers. La vue du danger augmenta l'ardeur du jeune Duguay-Trouin. Son organisation de fer ne l'empêcha pas, durant cette croisière, de souffrir du mal de mer jusqu'à son retour à Saint-Malo.

La Trinité se remit en mer après s'être réparée. Cette fois elle fit la rencontre d'un corsaire hollandais et l'aborda. Au moment où le fougueux Duguay-Trouin se disposait à se lancer sur le pont de l'ennemi, le maître d'équipage, qui le précédait, se laissa tomber entre les deux navires qui, soulevés par la lame, écrasèrent en se heurtant la tête de ce malheureux.

Cet événement lui fit la plus vive impression, et voici ce qu'il dit à ce propos :

— « Lorsque je vis ses membres et sa
» cervelle écrasés, j'avoue que cet objet ef-
» frayant m'arrêta, d'autant plus que n'ayant
» pas comme lui le pied marin, je crus qu'il
» me serait impossible d'éviter ce genre de
» mort hideux. Cependant le corsaire ennemi,
» après avoir soutenu trois abordages consé-

» cutifs, fut enlevé l'épée à la main, et l'on
» trouva, que, pour un novice, j'avais té-
» moigné assez de fermeté, »

Monté sur la frégate *le Grénédan*, il eut la
gloire de sauter le premier à l'abordage d'un
vaisseau de quarante canons et l'enleva aux
Anglais; mais il faillit subir le sort du malheureux maître d'équipage.

— « Car, dit-il, lorsque nous abordâmes
» un second navire de vingt-quatre canons,
» soit faiblesse ou pressentiment, la pensée
» de notre maître d'équipage me revint au
» moment où je m'avançais sur notre bossoir
» pour m'élancer le premier à l'abordage ;
» mais la secousse de l'abordage et celle de
» notre beaupré, qui brisa le haut de la
» poupe de l'ennemi, fut si grande, qu'elle
» me fit tomber à la mer entre les deux vais-
» seaux : heureusement j'étais à la poupe et je
» tenais à la main une manœuvre que je ne
» lâchai point, et je fus raccroché par
» quelques matelots de notre équipage, qui
» me tirèrent par les pieds à bord de notre
» vaisseau. »

Il n'en fit pas moins cette nouvelle capture. Le commandement d'une flûte de quatorze canons fut la récompense de ces faits d'armes. Dès ce moment aussi commencèrent ses actes d'intrépidité. Dans la campagne de 1691, il brûla deux navires et s'empara d'un château sur les côtes de Limérick, et incendia deux vaisseaux échoués à terre. Mécontent de la marche de sa frégate, il revint à Saint-Malo, et remit à la voile peu de temps après avec la *Coëtqueu.*

Les natures les plus fougueuses ont quelque fois leurs faiblesses ; Duguay-Trouin avait celle de croire aux pressentiments et à l'influence mystérieuse des songes. Voici ce qu'il raconte lui-même avec une bonne foi et une naïveté remarquables.

« J'avais, dit-il, croisé plus de deux mois,
» et je n'avais plus que pour quinze jours de
» provisions et de vivres; j'étais d'ailleurs
» embarrassé de prisonniers et de soixante ma-
» lades. Mes officiers et tout mon équipage,
» voyant que je ne parlais pas de relâcher,

» me représentèrent qu'il était temps d'y
» penser et que l'ordonnance du roi était po-
» sitive là dessus. Je ne l'ignorais pas, mais
» j'étais saisi d'un *pressentiment secret* de
» quelque heureuse aventure qui me faisait
» reculer de jour en jour. Quand je me vis
» pressé, j'assemblai tous mes gens, et les
» ayant bien harangués, je les engageai,
» moitié par douceur, moitié par autorité, à
» consentir qu'on diminuât un peu de leur
» ration, les assurant que, si nous faisions
» capture, je leur accorderais le pillage et les
» récompenserais amplement ; je ne discon-
» viendrai pas que ce parti était un peu extra-
» vagant, *et je ne comprends pas moi-même*
» *ce qui me portait à leur parler de la*
» *sorte et si affirmativement ;* mais j'étais
» poussé en cela par une voix inconnue à
» laquelle il m'était impossible de résister.
» Quoi qu'il en soit, *le hasard voulut qu'au*
» *bout de ces huit jours je visse en songe*
» *deux gros vaisseaux venant à toutes voiles*
» *sur nous.* Cette vision mit tous mes sens

» en agitation et me réveilla en sursaut.
» L'aube du jour commença à paraître ; je me
» levai, et, sortant en même temps sur le gail-
» lard, je portai ma vue autour de l'horizon ;
» *le premier objet qui la frappa fut deux*
» *vaisseaux réels, dans la même situation*
» *et tels que j'avais cru les voir en dormant.*
» Ils me parurent d'abord vaisseaux de
» guerre, parce qu'ils venaient nous recon-
» naître à toutes voiles et qu'ils étaient d'une
» apparence à nous le faire croire. Dans cette
» idée, je jugeai à propos de prendre chasse
» pour m'éprouver un peu avec eux avant que
» de m'exposer ; mais, ayant reconnu que
» j'allais beaucoup mieux que ces deux vais-
» seaux, je revirai de bord aussitôt, et, ayant
» livré combat, je m'en rendis maître après
» trois heures de résistance fort vive. Ces
» vaisseaux étaient percés à quarante-huit
» canons et en avaient chacun vingt-huit
» montés : ils se trouvèrent chargés de sucre,
» d'indigo, et de beaucoup d'or et d'argent.
» Le pillage, qui fut très grand, n'empêcha

» pas mes armateurs de gagner une grosse
» somme. Je menai ces deux prises à Nantes,
» où je fis caréner mon vaisseau ; et, étant
» retourné en croisière, je fis encore trois
» autres prises avant de m'en aller à Brest.
» Comme je dois la prise de ces deux vais-
» seaux dont je viens de parler à ce *pressen-*
» *timent secret* qui me fit demander huit jours
» de croisière à mon équipage, je ne puis
» m'empêcher de dire ici *que j'en ai eu plu-*
» *sieurs autres qui ne m'ont pas trompé.* Je
» laisse aux philosophes à expliquer ce que ce
» peut-être que cette voix intérieure qui m'a
» souvent annoncé les biens et les maux.
» Qu'ils l'attribuent, s'ils le veulent, à quel-
» que génie qui nous accompagne, à notre
» imagination vive et échauffée ou à notre
» âme elle-même, qui, dans des moments
» heureux, perce les ténèbres de l'avenir
» pour y découvrir certains mouvements, je
» ne les chicanerai point sur leur explication ;
» *mais je ne sais rien de plus marqué en*
» *moi-même que cette voix basse, mais dis-*

» tincte, et pour ainsi dire opiniâtre, qui
» m'a annoncé et fait annoncer plusieurs
» fois et à d'autres jusqu'au jour et aux
» circonstances des événements.

En effet, que les philosophes expliquent
des faits énoncés avec une aussi sincère naïveté, mais il n'en est pas moins vrai qu'il est de
ces mystères impénétrables à l'intelligence de
l'homme.

Attaqué, en 1694, sur le frégate *la Dili-
gente*, par six vaisseaux de 60 et de 70, aban-
donné par un équipage, par ses officiers
même, que décourageait une lutte aussi iné-
gale, il ne se rendit qu'après avoir été ren-
versé par un boulet, qui heureusement n'avait
plus de force pour le tuer.

Conduit à Plymouth, il y fut traité comme
un héros de vingt et un ans; mais sa frégate
ayant été reconnue dans le port par un capitaine anglais qu'il avait bravé et canonné en
pleine mer sous un autre pavillon que le sien,
il fut mis en prison par un ordre de l'amirauté,
et menacé même d'un jugement. Une jeune

femme favorisa son évasion avec quatre des
siens. Une chaloupe achetée à un bâtiment
suédois le transporta sur les côtes de Bretagne. Il prit aussitôt le commandement du
vaisseau *le Français* de quarante-huit canons,
et se signala par de nouveaux traits d'héroïs-
me. Deux vaisseaux et six navires marchands
devinrent sa proie dans cette croisière, après
un combat *de deux jours.*

Voici la relation qu'il donne lui-même de
ce brillant fait d'armes.

—«Je montai dans *le Français*, dit Dugu*a*y-
» Trouin, et cinglant en haute mer, j'établis
» ma croisière sur les côtes d'Angleterre et
» d'Irlande ; je pris d'abord cinq vaisseaux
» chargés de tabac et de sucre, ensuite un
» sixième chargé de mâts et de pelleteries,
» venant de la nouvelle Angleterre ; ce
» dernier s'était séparé depuis deux jours
» d'une flotte de soixante voiles, escortée par
» deux vaisseaux de guerre anglais, l'un
» nommé *le Sans-Pareil*, de cinquante
» pièces de canons, et l'autre *le Boston*, de

» trente-huit canons, mais percé à soixante-
» douze, les habitants de Boston ayant fait
» construire exprès ce vaisseau pour en faire
» présent au Prince Georges. Il était chargé de
» très beaux mâts et de pelleteries ; je m'in-
» formai avec grand soin de l'aire de vent où
» cette flotte pouvait être et courus à toutes
» voiles de ce côté là ; j'en eus connaissance
» vers midi. L'impatience que j'avais de
» prendre ma revanche me fit, sans hésiter,
» attaquer les deux vaisseaux de guerre qui
» lui servaient d'escorte. Dans mes premières
» bordées, j'eus le bonheur de démâter *le*
» *Boston* de son grand mât de hune, et de lui
» couper sa grande vergue : cet accident le
» mit hors d'état de traverser le dessein que
» j'avais de traverser *le Sans-Pareil;* cet
» abordage fut à l'instant exécuté, et mes
» grappins furent jetés au milieu de notre
» feu mutuel de canons et de mousqueterie,
» cela fut suivi d'un si grand nombre de gre-
» nades que j'avais fait disperser de l'avant à
» l'arrière, que ses ponts et ses gaillards

» furent nettoyés en fort peu de temps. Je fis
» battre la charge, et mes gens se présen-
» tèrent à l'abordage ; mais le feu prit tout
» d'un coup à la poupe si vivement que, dans
» la crainte de brûler avec lui, je me vis
» contraint de faire pousser vite au large. Dès
» que cet embrasement fut éteint, je rac-
» crochai le vaisseau *le Sans-Pareil* une
» seconde fois, et le feu ayant aussi pris à
» ma hune et dans ma misaine, je me trouvai
» encore dans la nécessité de déborder. Sur
» ces entrefaits, la nuit vint, et toute la flotte
» se dispersa. Les deux vaisseaux de guerre
» furent les seuls qui se conservèrent et que
» je conservai de même très soigneusement ;
» cependant je fus obligé de faire changer
» toutes mes voiles criblées et brulées, tan-
» dis que les ennemis étaient, de leur côté,
» occupés à se racommoder.

» Sitôt que le jour parut, je recommençai
» une troisième fois l'abordage du vaisseau
» *le Sans-Pareil*; mais au milieu de nos
» deux bordées de canon et de mousqueterie,

» ses deux grands mâts tombèrent dans mes
» ports-haubans ; cet accident, qui le mettait
» hors de combat et hors d'état de s'enfuir,
» m'empêcha de permettre que mes gens
» sautassent à bord; au contraire, je fis
» pousser précipitamment au large, et courus
» avec la même activité sur le vaisseau *le*
» *Boston*, qui faisait alors tous ses efforts
» pour s'enfuir. Je le joignis, et m'en étant
» rendu maître en peu de temps, je revins
» sur mon camarade qui, étant ras comme un
» ponton, fut obligé de céder.

» Ces deux vaisseaux étant soumis, un
» Hollandais, capitaine d'une prise que
» j'avais faite peu de jours auparavant, monta
» de notre fond de cale sur le gaillard pour
» venir m'en faire compliment; il me dit d'un
» air joyeux qu'il venait aussi de remporter
» une petite victoire sur le capitaine de la
» prise anglaise qui m'avait donné avis de
» cette flotte, qu'étant descendus tous deux
» ensemble au fond de cale, un moment
» avant notre combat, l'Anglais lui avait dit :

» — Camarade, réjouissons-nous, vous serez
» bientôt en liberté, le vaisseau *le Sans-*
» *Pareil* est monté par un des plus braves
» capitaines de l'Angleterre qui, avec ce
» même vaisseau, a pris à l'abordage le
» fameux Jean Bart et le chevalier de Forbin;
» son camarade aussi bien armé et bien com-
» mandé, ayant fortifié leur équipage de
» celui d'un vaisseau anglais qui s'est perdu
» depuis peu sur la côte de Boston, et ce
» vaisseau français ne saurait jamais leur
» résister longtemps. » — Le capitaine hol-
» landais m'assura qu'il lui avait répondu
» qu'il me croyait plus brave qu'eux, et,
» qu'il parierait de sa tête que je remporterais
» la victoire. L'Anglais, indigné, répliqua à
» celui-ci qu'il en avait menti, et l'autre lui
» ayant donné un soufflet, ils en étaient venus
» aux mains. Le Hollandais demeura le vain-
» queur et vint, dans le moment, me raconter
» son combat, en me demandant en grâce de
» faire monter son adversaire sur le pont,
» afin qu'il vît de ses propres yeux ces deux

4

» vaisseaux soumis et qu'il en crevât de
» dépit. En effet, je l'envoyai chercher; il
» faillit en devenir fou quand il eut vu *le*
» *Sans-Pareil* et *le Boston* dans le pitoyable
» état où je les avais mis; il se retira, jurant
» comme un païen et s'arrachant les cheveux.

» Cependant j'eus une peine extrême à
» pouvoir amariner ces deux vaisseaux; ma
» chaloupe et mon canot étaient hachés, et il
» survint un orage qui nous mit en très grand
» péril par le désordre où nous avait mis un
» combat si long et si opiniâtre. Le capitaine
» et tous les officiers du vaisseau *le Sans-*
» *Pareil* furent tués ou blessés, et l'on m'ap-
» porta les brevets de MM. Bart et Forbin,
» depuis chefs d'escadre, qui avaient été ci-
» devant pris par ce même vaisseau. Je per-
» dis, en cette occasion, près de la moitié de
» mon équipage; la tempête nous sépara
» les uns des autres. M. Boscher, mon cousin
» germain, qui était mon capitaine en second
» et qui s'était fort distingué dans ce combat,
« se trouvant à bord du *Sans-Pareil*, fut

» obligé de faire jeter à la mer tous les
» canons de dessus son ponts et ses gaillards,
» et quoiqu'il fut sans mâts, sans canons et
» voiles, il eût l'habileté de sauver ce vais-
» seau et de le mener dans le port Louis. Le
» vaisseau *le Boston* trouva, après la tempête,
» quatre corsaires de Flessingue qui le
» reprirent à la vue de l'Ile d'Ouessant, et ce
» fut avec bien de la peine que je gagnai le
» port de Brest, avec mon vaisseau démâté
» de ses mâts de hune, d'artimon, et tout
» délabré.

» Le feu roi Louis-le-Grand, attentif à ré-
» compenser la vertu militaire, voulut, après
» cette action, m'honorer d'une épée ; je la
» reçus avec une lettre très obligeante du mi-
» nistre de la marine, qui m'exhortait à
» mettre mon vaisseau en état d'aller joindre
» M. le marquis de Nesmond, aux rades de
» la Rochelle; j'obéis, et ne perdis point de
» temps à me rendre à ma destination. »

La capture du *Sans-Pareil* était d'autant
plus glorieuse que, comme on vient de le voir,

c'était le capitaine de ce même vaisseau qui avait pris à l'abordage le fameux Jean Bart et le chevalier de Forbin, et qu'on trouva à bord leurs brevets, noble trophée précieusement conservé par les Anglais.

La gloire dont se couvrait le jeune Duguay-Trouin excita contre lui la jalousie des officiers de la marine royale. M. de Feuquières, capitaine d'un grand mérite, sous le prétexte que Duguay-Trouin ne l'avait pas salué, alors que son vaisseau ne portait aucune marque de distinction, poussa la brutalité jusqu'à le menacer de lui donner la cale. Sa lettre à M. de Pontchartrain, où il rend compte des expéditions de sa campagne en même temps que de son aventure avec M. de Feuquières, fait connaître que le respect pour la discipline put seul maîtriser son caractère emporté et violent.

Au Port-Louis, le 30 mai 1696.

« Monseigneur,

» Dans l'espérance que Votre Grandeur voudra bien me permettre l'honneur de lui rendre compte de ce qui m'est arrivé dans la campagne que je viens de faire, je prends la liberté de lui dire qu'étant parti de Port-Lou le 8 juillet, après m'être donné l'honneur de l'informer de la résolution que j'avais prise de monter le vaisseau *le Sans-Pareil*, sur l'offre qui m'en avait été faite, et de lui demander l'honneur de sa protection, qu'elle eut la bonté de me faire espérer quand je lui rendis mes très humbles respects à Versailles.

» Je croisai quelque temps sur le cap de Finistère, et j'y appris, par un Portugais, qu'il y avait sept vaisseaux anglais et hollandais sous la forteresse de Vigo, en Galice, attendant convoi. Je résolus d'aller les enlever, et comme le vent était contraire et qu'ils étaient amarrés à portée de pistolet du fort, au fond de la rivière, je ne pus que mouiller à l'entrée sous pavillon anglais, mes perroquets, mon petit hunier déferlés, et tirant un coup de canon pour contrefaire le convoi. Les chaloupes des deux vaisseaux hollandais et des deux anglais avec les capitaines vinrent

d'abord recevoir l'ordre ; et dès qu'ils furent
à mon bord, je fis faire plusieurs saluts de
canons, comme les Anglais font souvent en
buvant à la santé du prince d'Orange : ce qui
persuada si fort que j'étais Anglais que, quand
je fus appareillé pour les aller enlever de
dessous le fort, les deux vaisseaux hollandais
m'épargnèrent la moitié du chemin, et je les
pris sans coup tirer; les Anglais en auraient fait
autant s'ils avaient eu leurs voiles en vergue,
persuadés qu'ils étaient que nous étions un des
vaisseaux de cinquante canons qu'ils attendaient. Je fis mes efforts pour aller enlever le
reste, mais le vent contraire fit que je ne pus
qu'envoyer mes chaloupes faire une tentative,
lesquelles ayant reconnu qu'il y avait trente-
six à quarante canons en batterie, et que les
vaisseaux qui n'avaient ni voiles ni mâts de
hune étaient la plupart échoués, ne s'expo-
sèrent pas témérairement à y rester sans espoir
de réussir. J'attendis inutilement que le vent
changeât pour aller les brûler, et je fus, à la
fin, obligé de sortir pour éviter les deux vais-

seaux de cinquante canons, qui devaient arriver incessamment.

En convoyant ces prises, j'eus connaissance, au vent, le 24 de ce mois, par les 45° 47', de latitude, au sud quart de sud-est d'Ouessant, environ quarante-six lieues de l'armée des ennemis, qui courait au nord-quart de nord-ouest d'Ouessant ; je fis arriver vent arrière mes prises, et ayant parlé à deux navires d'Olonne, chargés de morue, qui en étaient poursuivis, je leur marquai la route et la manœuvre qu'ils devaient tenir, leur promettant de les conserver autant qu'il dépendrait de moi. Je comptai jusqu'à quarante vaisseaux dont il en fut détaché cinq pour me donner chasse. Je les attendis à portée de canon, et me mêlant parmi eux, j'amusai, par cette manœuvre, quatre de leurs plus gros, en cessant de fuir quand je les éloignais, et en m'éloignant quand je me sentais trop près d'eux ; je les tirais de cette manière hors la vue de mes prises et loin de leur corps d'armée ; après quoi n'ayant plus rien à craindre ni pour les deux prises ni pour les deux autres français, je fis force de voiles, et ils cessèrent la chasse. Quand j'en fus débarrassé, je revirai de bord sur le plus petit des cinq, qui avait joint les deux navires d'Olonne et qui les allait prendre avec mes prises ; étant à portée de canon, j'attaquai cette frégate de vingt canons, malgré deux gros vaisseaux qui venaient à toutes voiles ; et dans une heure de combat je l'aurais infailliblement prise, si, étant au vent comme elle l'était, elle n'eût reviré de bord sur ses deux camarades, qui l'avaient considérablement rapprochée pendant le combat ; ce qui m'obligea de la quitter, étant moi-même exposé à être pris si je l'eusse suivie plus longtemps. Elle se trouva si incommodée qu'après avoir mis pavillon rouge au grand mât et tiré plusieurs coups de canon pour appeler du secours, elle disparut en s'approchant des deux autres vaisseaux, qui restèrent en panne, ce qui nous a fait juger qu'elle coula à fond, n'en ayant eu depuis aucune connaissance.

» Voilà, monseigneur, la manœuvre avec laquelle j'ai sauvé mes prises et ces deux autres vaisseaux dont les capitaines ont rendu témoignage des circonstances de cette action à M. le chevalier de Rosmadec.

» Il serait à souhaiter pour moi que je n'eusse jamais pensé à retourner à la mer, puisqu'elle m'a attiré un des plus sensibles affronts qu'on puisse faire ressentir à un honnête homme. Je supplie très-humblement Votre Grandeur de me pardonner la liberté que je prends de lui en faire mes justes plaintes et de l'importuner d'un détail qui pourra lui être ennuyeux.

» Arrivant à l'île de Gorée avec mes deux prises et les deux Olonnais, j'y trouvai un vaisseau qui ne mit son pavillon que fort tard, sans flammes ni aucune marque de distinction : je fus lui parler, et j'appris de lui qu'il était de Bayonne. La vitesse du vaisseau ne me permettant pas de m'informer plus amplement, je crus et tous mes officiers crurent que c'était un corsaire de Bayonne. Je mis ma

chaloupe dehors pour aller donner ordre à
mes prises ; ce vaisseau, voyant cela, mit la
flamme, et, après avoir tiré des coups de
fusils sur ma chaloupe, il me tira des coups
de canon à balle, dont l'un coupa la drisse de
ma voile ; ce qui m'obligea d'aller inconti-
nent à bord demander à parler au capitaine,
et savoir pourquoi on m'avait tiré sans sujet
deux coups de canons ; mais on me contrai-
gnit sans réplique de monter à bord, où étant,
le capitaine, loin de m'écouter, me menaça
avec beaucoup de violence *de me faire donner
la cale* : cependant que je lui protestais, comme il était vrai, que nous l'avions cru vérita-
blement corsaire et de Bayonne. Cette menace,
si éloignée de ce que je crois dû à mon caractère, m'aurait fait tomber dans des mouvements qu'on ne peut sans honte refuser à
l'honneur, si, toujours rempli de mon devoir,
je n'avais, tout couvert de cet affront, fait
précéder à mon honneur la soumission aux
ordres du roi en recevant de ses officiers et
sur ses vaisseaux tout ce qu'on avait pu me

dire de plus outrageant, renfermant toute ma
défense à lui dire que je m'en plaindrais à
Votre Grandeur, dans l'équité de laquelle je
mettais toute ma confiance. Ce capitaine voulut m'interroger ; mais vous me pardonnerez
bien, monseigneur, si mon sang tout glacé ne
me laissa pas la faculté de lui répondre ; je
me retirai pour aller cependant faire mes
plaintes à M. de Lavardin, MM. de Maucler
et de Rosmadec, qui, déjà prévenus en ma
faveur, ne laissèrent pas de plaindre mon sort.
Votre Grandeur n'ignore pas que plusieurs de
messieurs les officiers de la marine ne regar-
dent pas avec plaisir nos petits progrès : ce
que celui-ci ne me témoigne que trop claire-
ment en cette occasion, où il a affecté de
m'insulter, ayant traité avec beaucoup plus
d'honnêteté ces capitaines olonnais qui étaient
dans le même défaut que moi, s'il y en avait,
ne leur ayant fait aucune menace de cale ni
de tous ces termes outrageants que je passe
sous silence ; Votre Grandeur sachant bien
que ces sortes de menaces poussées au delà des

bornes ne se fait pas sans aigreur. Voilà, monseigneur, ce qui me fait réclamer votre justice, sans laquelle je serai malgré moi contraint d'abandonner l'exécution de ce que je me suis proposé dans l'entreprise de la course. Ce traitement regarde tous mes confrères qui se verraient, sans votre protection, monseigneur, exposés à des outrages aussi violents.

» Le capitaine de qui je me plains est M. Feuquières, commandant *l'Entreprenant*.

» Je suis avec un profond respect

      » Monseigneur,

        » Votre très humble et très obéissant serviteur

      » Duguay-Trouin. »

(Archives de la Marine. — 1696.)

Quelque temps après, il partit encore avec le *Sans-Pareil* et une frégate de seize canons, dont il donna le commandement à un de ses frères, qui, comme lui, joignait le courage à la capacité. Il fit une descente entre

Vigo et Pontlevedra, où il incendia un bourg après une lutte vigoureuse. Son frère, impétueux, ardent, s'élança le premier à l'attaque des retranchements et fut blessé mortellement. Duguay-Trouin conduisit l'assaut sur un autre point et réglait la capitulation d'une troupe d'Espagnols qui venaient de mettre bas les armes, lorsqu'on vint lui apprendre cette triste nouvelle :

— « Je restai d'abord immobile, dit-il dans ses mémoires, après quoi, devenant tout-à-coup furieux, je courus comme un désespéré vers ceux des ennemis qui résistaient, et j'en sacrifiai plusieurs à ma douleur. Pendant que tous mes gens s'abandonnaient au pillage, il parut une troupe de cavalerie sur la hauteur. Je repris alors mes sens, et rassemblant la plus grande partie de mes soldats avec assez de promptitude, je courus chercher mon frère. Je le trouvai couché sur la terre, et baigné dans son sang, qu'on s'efforçait en vain d'arrêter. Un objet si touchant m'arracha des larmes, je l'embrassai sans avoir la force de

lui parler, et je le fis emporter sur-le-champ
à bord de mon vaisseau où je l'accompagnai,
ne pouvant me résoudre à le quitter dans l'état
déplorable où je le voyais..... Mon frère ne
vécut que deux jours, et rendit son dernier
soupir entre mes bras, avec de grands senti-
ments de religion et une fermeté héroïque. La
tendresse et la douleur me rendirent éloquent
à l'exhorter dans ces moments, et je demeurai dans un accablement extrême. J'ordonnai
qu'on levât l'ancre, et qu'on mît à la voile
pour porter son corps à Viana, ville portugaise sur la frontière d'Espagne, où je lui fis
rendre les derniers devoirs avec tous les hon-
neurs dus à sa valeur et à son mérite, qui
certainement n'était pas commun. Toute la
noblesse des environs assista à ses funérailles,
et parut sensible à la perte d'un jeune homme
qui emportait les louanges et les regrets de
tous les équipages.

(*Mémoires de Duguay-Trouin.*)

La mort de son frère qu'il aimait tendrement l'affecta vivement. Il fut longtemps sans

pouvoir surmonter la douleur ; il fut même
sur le point de renoncer pour toujours à la
carrière maritime, tant sa mélancolie était
profonde. Mais enfin il se présenta une occasion qui réveilla son activité naturelle et l'arracha à cette espèce d'anéantissement si malheureux pour la France.

On venait d'apprendre qu'une flotte hollandaise était partie de Bilbao. Cette nouvelle
raviva l'énergie de Duguay-Trouin, qui arma en
toute hâte *le Saint-Jacques, le Sans-Pareil*,
et ra frégate *la Léonore*, de quarante-six,
quarante et seize canons auxquels il joignit
deux autres frégates de Saint-Malo. Huit
jours après qu'il eut mis à la voile, il rencon-
tra la flotte hollandaise escortée par trois
vaisseaux de guerre hollandais de cinquante-
quatre, cinquante-deux et trente-six canons,
commandée par le baron de Warsenaër, depuis vice-amiral de Hollande. Jamais combat
ne fut plus meurtrier. Dès le commencement
de l'action, le feu prit au *Sans-Pareil* et en
fit sauter toute la poupe. Sans hésiter, Du-

guay-Trouin commande l'abordage du vaisseau
commandant duquel il fut repoussé trois fois
et dont il se rendit enfin maître après deux
heures de combat. La moitié de son équipage
avait été mise hors de combat ; tous les officiers de Warsenaër avaient été tués ou blessés, et le baron lui-même fut pris les armes à
la main, atteint de quatre blessures graves et
baigné dans son sang. Les autres convois et
une partie de la flotte furent pris par les autres frégates. Duguay-Trouin, assailli par une
tempête des plus violentes par une nuit af-
freuse à la suite de cette victoire, eut beaucoup
de peine à regagner le Port-Louis sur un
vaisseau prêt à chaque instant à couler bas ;
il fut mille fois en danger de périr.

— « Quelle nuit effroyable, dit à ce pro-
» pos Thomas dans son éloge de Duguay-
» Trouin, succède à un jour de triomphe ! Le
» vaisseau victorieux, percé de coups de ca-
» non et abattu par les vents, s'entr'ouvre de
» toutes parts. Un équipage qui n'est composé
» que de blessés et de mourants, cinq cents

» prisonniers à contenir, une tempête horri-
» ble contre laquelle il faut lutter, la mer qui
» entre à flots précipités dans le vaisseau, une
» foule de malheureux presque expirants de
» leurs blessures, fuyant l'eau qui les gagne
» et se traînant sur les mains avec d'affreux
» hurlements ; le tumulte, l'effroi, les cris de
» douleur mêlés aux cris du désordre, tant
» d'hommes qui attendent avec terreur l'ins-
» tant où ils vont être engloutis : quel spec-
» tacle pour Duguay-Trouin ! Tout ce que peut
» l'activité de la piété, et le sang-froid de la
» prudence, est mis en usage, et ce jeune
» vainqueur triomphe des éléments comme
» des ennemis. »

Le baron de Warsenaër avait été transbor-
dé sur le *Saint-Jacques* que commandait un
parent de Duguay-Trouin. Ce dernier s'empres-
sa d'aller s'informer de l'état où il se trouvait ;
ayant appris qu'il avait été maltraité par le
capitaine, Duguay-Trouin en fut si indigné
qu'il lui en fit les plus amers reproches et
ajoutant que :

— Quiconque n'était pas capable de respecter un ennemi vaincu, ne pouvait avoir le cœur bien placé.

Cette dernière action le fit admettre dans le corps de la marine, où il n'avait servi jusque-là qu'en qualité d'auxiliaire, avec le grade officiel de capitaine de frégate légère. Il avait alors vingt-trois ans.

La paix de Ratisbonne le condamna à quatre ans de repos, qu'il employa à s'instruire dans la théorie de son art dont il ne connaissait que la pratique. Mais la guerre de succession le remit en mer en 1702 avec deux frégates du roi, *la Bellone et la Railleuse*, de trente-six et vingt-quatre canons, avec deux autres frégates de Saint-Malo. Il avait le projet de tenter l'entreprise de la baleine. Une tempête le sépara, et, ayant fait la rencontre d'un vaisseau hollandais, il engagea le feu aussitôt ; mais, par une manœuvre habile de l'ennemi, il eut à essuyer tout le feu de son artillerie sans pouvoir y répondre. Deux boulets qui avaient porté à fleur d'eau et sept

dans ses mâts le mirent dans le plus grand danger. Duguay-Troin ne voit qu'un seul moyen
de salut, l'abordage. A son commandement,
le plus jeune de ses frères se lance sur le
bâtiment hollandais, et tout l'équipage suivit
son exemple. En moins d'une demi-heure
d'une lutte sanglante, le vaisseau ennemi fut
enlevé et tous ses officiers tués.

A peine rentré à Brest, il prit le commandement de trois vaisseaux du roi, l'*Eclatant*,
le Furieux, et le Bienvenu, de soixante-deux,
cinquante-six et trente canons, auxquels il joignit deux frégates de Saint-Malo. Informé que
quinze gros bâtiments hollandais arrivaient
des Grandes-Indes, il courut les attendre par
le travers des Orcades, où il tomba dans une
escadre hollandaise de quinze bâtiments de
guerre qui venait pour les protéger. Sa valeur
et son habileté le tirèrent de ce mauvais pas.
Ecoutons-le raconter lui-même cette brillante
manœuvre.

« — Je ne pus, dit-il, me résoudre à voir
» prendre sans coup férir *le Furieux* et *le*

» *Bienvenu*, qui marchaient mal ; et comme
» *l'Eclatant*, que je montais, était le meilleur
» de ma petite escadre, je fis carguer mes
» basses voiles, et demeurai de l'arrière d'eux
» pour les couvrir, faisant en cette occasion
» l'office d'un bon pasteur, qui s'expose à
» périr pour sauver son troupeau. Dieu bé-
» nit mes soins, et permit que le vaisseau de
» soixante canons, qui vint me combattre à
» portée de pistolet, fût en trois ou quatre
» bordées de canons et de mousqueterie don-
» nées à bout touchant, démâté de tous ses
» mâts, et restât ras comme un ponton. Les
» quatre vaisseaux les plus près de lui, qui
» poursuivaient le *Furieux* et le *Bienvenu*,
» s'élancèrent aussitôt sur moi pour secou-
» rir leur camarade ; je les attendis sans me
» presser, les saluant l'un après l'autre de
» quelques volées de canon, dans le dessein
» de les attirer davantage. En effet, ils s'a-
» musèrent à me canonner alternativement as-
» sez longtemps pour donner lieu aux vais-
» seaux de mon escadre de les éloigner, et

» même de les perdre de vue, à la faveur d'un
» brouillard qui s'éleva. Les ennemis s'opi-
» niâtrèrent à me suivre et à me combattre,
» tant que je fus sous leur canon ; mais je
» n'eus pas plus tôt vu mes vaisseaux hors de
» péril, que je fis de la voile, et me mis hors
» de leur portée en assez peu de temps. Je
» revins ensuite du côté où j'avais remarqué
» que mes camarades avaient fait route, et je
» fus assez heureux pour les rejoindre avant
» la nuit.

    « . . . . . Nous n'eûmes qu'environ tren-
» te hommes hors de combat ; c'est cepen-
» dant, de toutes les affaires où je me suis
» trouvé, celle dont je suis resté intérieure-
» ment le plus flatté, parce qu'elle m'a paru
» la plus propre à m'attirer l'estime des cœurs
» vraiment généreux.

        (Mémoires de Duguay-Trouin.)

    Réuni à ses camarades, il fit voile pour le
Spitzberg, où il prit, brûla et rançonna qua-
rante baleiniers, dont quinze le suivirent à
Nantes avec leur cargaison. Il en sortit en

1704 avec deux vaisseaux de cinquante-quatre canons et une frégate de vingt-six, que le roi fit nommer *le Jason*, *l'Auguste* et *la Valeur*, pour croiser dans les eaux des Sorlingues ; il combattit seul le vaisseau anglais *la Revanche*, de soixante-douze canons qu'il mena battant jusque dans les ports d'Angleterre, où il se réfugia ; il s'empara du vaisseau de guerre *le Conventry*, de cinquante-quatre canons, avec une partie de la flotte anglaise qu'il conduisit à Brest ; il sortit avec quatre bâtiments de guerre, dont trois l'abandonnèrent lâchement dans un combat qu'il eut à soutenir contre les Anglais ; il prit, en 1705, une éclatante revanche.

Toujours monté sur *le Jason*, il s'empara du vaisseau de guerre anglais, *l'Elisabeth*, de soixante douze, et poursuivit le *Chatam* jusque dans les ports d'Angleterre.

Revenant de ce combat considérablement endommagé, il fit amener un fort corsaire de Flessingue après un combat de deux heures, pendant qu'un autre tombait au pouvoir de son jeune frère, dont un coup de vent l'avait séparé. Ce jeune homme, son digne émule, blessé peu de jours après dans un autre abordage, vint mourir à Brest dans ses bras.

— « Mes soins et ma tendresse ne purent
» le sauver, dit Duguay-Trouin. Il expira peu
» de jours après avec une fermeté et une ré-
» signation exemplaires. C'est ainsi que la
» mort m'enleva, en peu de temps, deux frè-
» res l'un après l'autre. Le caractère que je
» leur avais connu, dans un âge si tendre,
» promettait infiniment, et leur valeur m'au-
» rait été d'une grande ressource dans toutes
» mes expéditions. Je les aimais tendrement,
» et je demeurai d'autant plus accablé de la
» mort de ce dernier, qu'elle réveilla dans
» mon cœur l'idée du premier, qui avait fini
» entre mes bras. Ce triste souvenir, malgré
» le temps et la raison, me pénètre encore
» d'une douleur très amère et très vive. »
(Mémoires de Duguay-Trouin.)

La douleur ne lui laissa que le désir de la vengeance. Ce même *Chatam* lui offrit l'oc-

casion de la satisfaire. Mais au moment de
s'en emparer, vingt autres vaisseaux anglais le
forçant à lâcher prise, il commanda à *l'Auguste*, sa conserve, de faire fausse route,
prenant lui-même une direction contraire.
Précaution inutile ! Six de ces vaisseaux
chassèrent *l'Auguste*, et les quinze autres se
mirent à la poursuite du *Jason*. Enveloppé au
commencement de la nuit, et ne songeant qu'à
sauver l'honneur du pavillon, Duguay-Troin
prit la résolution d'aborder le commandant
ennemi. Un fort vent, que son expérience lui
avait fait pressentir, le fit changer d'idée. Il
prépara toutes ses voiles, les hissa vivement
dès que le vent arriva sur lui, et rentra sain
et sauf au Port-Louis, où il apprit que *l'Auguste* était tombé au pouvoir des Anglais.
Duguay-Trouin ne se hâta pas moins de reprendre la mer, prit deux frégates anglaises
dans les eaux du Tage, trois bâtiments marchands dans le golfe de Gascogne, et revint à
Brest avec ses prises.

Un ordre du roi le fit repartir pour Cadix,

qui était menacé d'un siège. Un convoi de deux cents voiles portugaises, escorté par six vaisseaux de guerre, s'étant trouvé sur sa route, il engagea le combat malgré l'infériorité du nombre. La lutte dura deux jours ; trois boulets consécutifs lui passèrent entre les jambes, ses vêtements furent criblés de balles, il fut lui-même légèrement blessé. Dans cette circonstance encore son intrépidité fut trahie par les timides manœuvres de ses lieutenants.

Après ce combat, il entra dans Cadix avec ses trois vaisseaux, conformément à l'ordre qu'il en avait reçu.

Sa mission remplie, Duguay-Trouin reprit la route de la Bretagne où il amena un riche convoi anglais, et la frégate qui le protégeait qu'il avait enlevée à l'abordage.

A son retour, il reçut de la main du roi l'ordre de chevalier de Saint-Louis, en même temps que le commandement de cinq bâtiments de guerre.

En 1707, il se rangea sous le pavillon du chevalier de Forbin pour arrêter dans la Man-

che une flotte de deux cents voiles que les
Anglais envoyaient en Espagne chargée de
troupes et de munitions de guerre au secours
de l'archiduc d'Autriche. Après quelques jours
de croisière dans les parages de Lisbonne, on
signala la flotte anglaise escortée par cinq gros
vaisseaux de guerre. Duguay-Trouin n'avait
que six bâtiments, *l'Achille*, *le Jason*, *le
Maure*, *l'Amazone*, *le Lys* et *la Gloire*. Son
ardeur ne lui permit pas d'attendre l'arrivée
de Forbin, qui était resté derrière lui. Il
donne le mot d'ordre à chacun de ses navires
avec le rôle à remplir, et s'élance avec *le Lys*
sur *le Gumberland*, monté par Richard Ed-
ward, commandant de l'escorte. Malgré sa
défense intrépide, il l'enlève à l'abordage. *Le
Chester* et *le Rubis* étaient également tombés
au pouvoir des deux autres capitaines.
L'Achille avait, de son côté abordé *le Royal-
Oak*, lorsque le feu se déclara à son bord et
permit au navire anglais de fuir à la faveur de
l'incendie. Duguay-Trouin se mit à sa poursuite ; mais bientôt il aperçoit le chevalier de

Tourouvre, qui avait attaqué avec toute l'audace possible *le Devonshire*, en grand péril.
Ce superbe vaisseau de quatre-vingt-douze,
monté par plus de mille hommes, portait, en
outre, plus de trois cents officiers et soldats
passagers. Il abandonne *le Royal-Oak* et vole
au secours du chevalier. Ce fut d'abord un vé-
ritable carnage. Duguay-Trouin, voyant une
grande partie de son équipage hors de combat, ordonne de jeter les grappins ; mais il est
arrêté par le feu qui se déclare à bord du
Devonshire. L'incendie fut tellement violent
qu'en moins d'un quart-d'heure tout était
consumé.

Cet horrible spectacle fit la plus vive impression sur Duguay-Trouin ; voici comment il
en rend compte dans ses mémoires.

— « J'avoue que si j'eusse été capable de me
» repentir d'une bonne action; et si je n'avais
» pas au présent l'utilité qui devait en revenir
» au roi d'Espagne, j'aurais eu quelque regret
» d'avoir laissé échapper un si beau vaisseau,
» qui était pour ainsi dire en mes mains, et d'a-

» voir été me faire hâcher en pièces, pour avoir
» la douleur de voir périr mille infortunés, d'un
» genre de mort si affreux. Le souvenir de ce
» spectacle effroyable me fait encore frémir
» d'horreur.

Revenu à Versailles après ce nouveau triomphe, il n'eût à la cour que l'avancement des officiers de son escadre et fit donner à son lieutenant une pension de mille livres qui lui était destinée, ne sollicitant pour lui que des lettres de noblesse. Le roi le remit à une autre occasion et lui confia une escadre plus considérable pour exécuter une entreprise dont Duguay-Trouin s'était réservé le secret. Il s'agissait d'aller attendre la riche flotte du Brésil aux Açores et de s'en emparer en battant les sept vaisseaux de guerre que le roi du Portugal envoyait pour la protéger. Pour la première fois de sa vie, Dguaytrouin ayant eu l'idée de prendre conseil de ses capitaines qui ne furent pas d'avis d'attaquer l'escadre portugaise dans le port où elle stationnait, l'expédition manqua. Pour surcroît de contrariétés, la tempête et le manque d'eau dispersèrent à son tour l'escadre française, et le chef gagna le port de Vigo, le cœur plein de dépit.

Duguay-Trouin servait Louis XIV de sa fortune comme de son épée. Ces armements qu'il faisait à ses frais, ayant épuisé presque tous ses bénéfices. augmentaient encore ses regrets. Il en sacrifia le reste pour armer une nouvelle escadre, avec laquelle il livra un glorieux cambat à une escadre anglaise près le cap Lezard. La tempête vint encore le forcer à lâcher cette proie qui eut réparé une partie de ses pertes. Louis XIV, qui n'avait alors que des parchemins pour récompenser tant de services, lui accorda ces lettres de noblesse unique objet de son ambition.

L'annonce d'un convoi des Indes lui fit reprendre la mer. Il s'empara du *Glocester*, de soixante-dix canons, qui allait protéger des marchands, après une heure de combat. Le convoi fut sauvé par un épais brouillard; et une dyssenterie, qui mit en danger les jours de Duguay-Trouin, le força à rentrer dans le port de Brest.

L'esprit aventureux de Duguay-Trouin ne resta pas inactif. Il conçut, pendant cette maladie, le projet d'aller attaquer la ville de Rio Janeiro, où le capitaine Duclerc était resté prisonnier avec ses troupes. Avec l'aide de sept riches maisons, il composa un armement de sept vaisseaux de ligne et de huit frégates. Le roi y joignit des troupes de débarquement, et le 12 septembre 1711, à la pointe du jour, cette escadre se trouva à l'entrée de Rio Janeiro. Les Portugais, effrayés de ce coup de main, avaient accru les forces et les fortifications de cette colonie. Le danger ne fit qu'accroître le courage de Duguay-Trouin. L'entrée fut forcée malgré le feu des douze batteries qui la défendaient ; l'escadre portugaise, embarrée près de la ville, rompit ses amarres et s'échoua sur la plage au lieu de le combattre. Cette mémorable expédition ne saurait être mieux racontée que par celui qui en fut le héros. On verra la hauteur et la sûreté de vues qui le guidèrent dans cette périlleuse et lucrative expédition.

*Relation de ce qui s'est passé à la cam-
pagne de Rio Janeiro.*

Du 3 juin 1711.

Je mis à la voile des rades de La Rochelle le
9 du mois de juin, avec l'escadre que le roi a
bien voulu me confier, et les deux vaisseaux
de Saint-Malo, *le Chancelier* et *le Glorieux*,
dans le dessein d'aller tenter la conquête de
Rio Janeiro, place importante à la côte du
Brésil, où M. Duclerc et huit cents soldats de
la marine avaient été pris ou taillés en pièces
l'année précédente.

Je fus obligé de laisser aux rades de La
Rochelle la frégate *l'Aigle*, qui avait besoin
d'un soufflage pour être en état de tenir la
mer, et je lui donnai ordre de se rendre à
Saint-Vincent, l'une des îles du cap Vert, que
j'avais choisie pour rendez-vous, où je devais,
suivant tous les mémoires, faire avec facilité de
l'eau et des rafraîchissements.

Le 21, je fis une prise anglaise, sortant de

Lisbonne à vide, que je jugeai propre à servir à la suite de l'escadre.

Le 2 du mois de juillet, je mouillai à l'île de Saint-Vincent, où la frégate *l'Aigle* vint me rejoindre. Je trouvai beaucoup de difficultés à y faire de l'eau, par rapport à la sécheresse qui régnait depuis longtemps, et peu d'apparence d'y trouver des rafraîchissements ; de manière que je remis à la voile le 6, avec le seul avantage d'avoir mis les troupes à terre pour leur faire connaître le rang et l'ordre qu'elles devaient observer en cas de descente.

Le 11 du mois d'août, je passai en ligne, après avoir essuyé plus d'une fois des vents contraires si frais, que plusieurs vaisseaux démâtèrent de leurs mâts de hune.

Le 19, j'eus connaissance de l'île de l'Ascension : et, le 26, me trouvant à la hauteur de la baie de Tous-les-Saints, j'assemblai un conseil, dans lequel je proposai d'aller y prendre ou brûler ce qui s'y trouverait de vaisseaux avant de nous rendre à Rio Janeiro. Je me fis, pour cet effet, rendre compte de l'état des équipages et de l'eau qui restait dans chaque vaisseau de l'escadre, mais il s'en trouva si peu, qu'à peine suffisait-elle pour nous conduire au lieu de notre destination : en sorte que, pour ne pas s'exposer à des événements fâcheux, il fut résolu qu'on se rendrait en droiture à Rio Janeiro.

Le 11 de septembre, on trouva fond, sans avoir cependant connaissance de terre. Je fis mes remarques là dessus et sur la hauteur qu'on avait observée; après quoi, profitant d'un vent frais qui s'éleva à l'entrée de la nef, je fis forces de voiles à toute l'escadre, malgré la brume et le mauvais temps, et me trouvai, à la pointe du jour, précisément à l'ouvert de Rio Janeiro. Il était aisé de voir que le succès de cette entreprise dépendait résolument de ne pas donner le temps aux ennemis de se reconnaître ainsi, sans m'arrêter un seul moment à envoyer à bord des vaisseaux les ordres que chacun devait observer en entrant, j'ordonnai à M. le chevalier de

Courserac, qui connaissait l'entrée, de se
mettre à la tête de l'escadre, à MM. les chevaliers de Gouyon et de Beaune de marcher
immédiatement après, et les suivis moi-même,
étant alors dans la situation convenable pour
voir ce qui se passait de la tête à la queue, et
de pouvoir y donner ordre ; je fis en même
temps signal à MM. de la Jaille, de la Moine-
rie-Mignac et ensuite à tous les capitaines de
l'escadre de marcher les uns après les autres,
suivant le rang et la force de leurs vaisseaux, ce
qu'ils exécutèrent avec tant de régularité que je
ne puis assez élever leur valeur et leur bonne
conduite ; je n'en excepte pas même les maîtres des deux traversiers et de la prise anglaise,
qui essuyèrent le feu de toutes les batteries
sans changer de route, tant il est vrai que le
bon exemple est capable de produire des effets
extraordinaires.

M. le chevalier de Courserac s'est acquis
une gloire particulière dans cette action, par
la bonne manœuvre qu'il a faite et la fierté
avec laquelle il nous a montré le chemin.

Ce fut dans cet ordre que nous forçâmes
l'entrée de ce port, défendu par une prodigieuse quantité d'artillerie et par quatre vais-
veaux de guerre, commandés par Gaspard de
La Coste, général de la flotte que le roi de
Portugal avait envoyée exprès avec des troupes
pour la défense de cette place. Ces quatre
vaisseaux, après une canonnade assez médio-
cre, nous voyant manœuvrer pour les aller
aborder, coupèrent leurs câbles; et furent s'é-
chouer sous les batteries de la ville. Nous
eûmes dans cette action environ trois cents
hommes hors de combat ; et j'ai cru que, pour
en bien juger, il était nécessaire d'ajouter ici
un état de la ville et baie de Rio Janeiro, de
ses forteresses et de la situation de son
entrée.

La baie de Rio Janeiro est fermée par un
goulet beaucoup plus étroit que celui de Brest;
elle est défendue du côté de tribord par le fort
de Sainte-Croix, garni de quarante-quatre
pièces de canons de tout calibre, depuis quarante huit livres de balle jusqu'à huit ; d'une

autre batterie de six pièces, qui est en dehors
de ce fort; et du côté de bâbord par le fort de
Saint-Jean et deux autres batteries, où il y a
quarante-huit pièces de canon qui croisent
l'entrée, au milieu de laquelle se trouve une
île ou gros rocher qui peut avoir quatre-vingt
ou cent brasses de longueur.

En dedans de l'entrée, à tribord, l'on trouve une batterie nommée Notre-Dame-du-bon-
Voyage, qui est sur une montagne inaccessi-
b'e, où il y a dix pièces de canon, de dix-huit
à quatorze, qui se croisent avec le fort de l'île
Villegagnon, qui est à bâbord, où il y a vingt
pièces du même calibre qui battent l'entrée de
la haie.

En avant de ce dernier fort, et en dedans de
celui de Saint-Jean, est un fort nommé Saint-
Théodose, de seize pièces de canon, qui bat la
plage qui est du côté de la Carrioque, au milieu
de laquelle les Portugais ont encore bâti une
espèce de demi-lune.

Quand on a dépassé toutes ces batteries et
tous ces forts, l'on voit l'île des Chèvres, qui

n'est qu'à portée de fusil de la ville, du côté
des Bénédictins, où il y a un petit fort à quatre bastions, avec huit pièces de canon, et sur
un plateau qui est au bas de l'île, une batterie de quatre pièces qui bat du côté de la mer
et se croise avec le fort de la Miséricorde ; il y
a encore d'autres batteries de l'autre côté de
la rade, dont je n'ai pu savoir le nom. Ce qu'il
y a de certain, c'est ce que jamais pays n'a été
si parfaitement retranché, et il n'y a pas un
seul endroit où les Portugais aient cru que
l'on pouvait faire descente où ils n'aient remué
de la terre, abattu des arbres et mis du canon
en batterie.

A l'égard de la baie, l'on ne peut guère en
trouver une plus belle, plus grande, ni plus
commode; le mouillage y est parfaitement bon:
le vent de la mer n'y entrent presque jamais, et
il y a au fond une rivière qui s'étend à quatorze lieues en terre du côté du nord-ouest.

La ville est bâtie le long de la mer, au
milieu de trois montagnes fort élevées, qui sont
occupées, l'une par les jésuites, qui est à une

6

des extrémités, l'autre par les bénédictins, qui
est de l'autre côté ; et l'autre, nommée la Conception, par monseigneur l'Evêque. Ces trois
montagnes commandent entièrement la ville et
la campagne, et sont garnies de forts et de
batteries.

Au dessus de celle qu'occupent les jésuites
est un fort nommé Saint-Sébastien, revêtu de
murailles et entouré d'un bon fossé, garni de
quatorze pièces de canon et de beaucoup de
pierriers ; sur la gauche de ce fort, du côté de
la plaine, à mi-côte, est un fort nommé Saint-
Jacques, où il y a douze pièces de canon ; un
autre, nommé Sainte-Alouzie, de huit pièces ;
une batterie de douze, et le fort de la Miséricorde, qui est bâti sur un rocher qui avance
dans la mer, où il y a douze pièces de canon
qui battent le côté de la ville et celui de la
mer.

La montagne des Bénédictins est fortifiée
d'un retranchement garni de plusieurs pièces
de canon, qui battent du côté de l'île des Chèvres, du côté de la montagne de la Conception
et de la plaine.

La montagne de la Conception est retranchée, du côté de la campagne par un fossé, une haie vive derrière, et des pièces de canon de distance en distance qui en occupent tout le front.

La ville est fortifiée par des redans et des batteries de distance en distance, dont les feux se croisent ; du côté de la plaine, elle est défendue par un camp retranché et un bon fossé plein d'eau, en dedans duquel il y a deux places d'armes à pouvoir contenir quinze cents hommes en bataille, plusieurs pièces de canon, et des maisons crénelées de toutes parts. C'était le lieu où les ennemis tenaient une partie de leurs troupes. Ils avaient de leur armée douze à treize mille hommes, parmi lesquels plusieurs avaient servi en Espagne et s'étaient trouvés à la bataille d'Almanza, et un nombre infini de nègres.

Surpris de trouver cette place en si bon état, je m'informai de ce qui pouvait y avoir donné lieu, j'appris que la reine d'Angleterre avait envoyé un paquebot à Lisbonne pour

donner avis que l'escadre du roi que j'avais
l'honneur de commander était destinée pour
Rio Janeiro. Comme il ne se trouva point dans
ce temps-là de bâtiment armé pour aller porter la nouvelle, le roi du Portugal y avait envoyé ce même paquebot qui était arrivé quinze jours avant nous ; et c'est ce qui avait donné
lieu au gouverneur de travailler avec tant de
diligence à faire faire des retranchements et
établir des batteries dans tous les endroits où
il jugea que nous pouvions l'attaquer.

Toute la journée s'étant passée à forcer
l'entrée, je fis avancer la galiote et les traversiers, et je détachai, le 13, à la pointe du
jour, M. le chevalier de Gouyon avec cinq
cents soldats d'élite pour s'emparer de l'île des
Chèvres ; il l'exécuta dans le moment, et en
chassa les ennemis si brusquement qu'à peine
eurent-ils le temps d'enclouer leur canon ; ils
coulèrent, en se retirant, deux de leurs plus
gros vaisseaux marchands, entre les batteries
des Bénédictins et l'île des Chèvres, et firent
sauter en l'air deux de leurs vaisseaux de

guerre, échoués sous le fort de la Miséricorde; mais voulant en faire autant d'un troisième échoué à la pointe de l'île de Chèvres, M. le chevalier de Gouyon y envoya deux chaloupes, commandés par MM. de Vauréal et de Saint-Osmaune, qui malgré tout le canon de la place, s'en rendîrent maîtres, y arborèrent le pavillon du roi, et ne purent cependant le mettre à flot, parce qu'il se trouva plein d'eau par les coups de canon dont il était percé.

M. le chevalier de Gouyon m'envoya aussitôt rendre compte de la situation avantageuse de l'île des Chèvres. Je fus visiter ce poste et, l'ayant trouvé tel qu'il me l'avait marqué, j'ordonnai à MM. de La Ruffignières et Estiot, officiers d'artillerie et à M. de Kerguelin, capitaine de brûlot, d'y établir des batteries de mortiers et de canons : M. de Saint-Simon, lieutenant de vaisseau, fut chargé du soin de soutenir les travailleurs, avec un corps de troupes que je lui laissai. Les uns et les autres remplirent leur devoir avec tout le zèle et toute la fermeté que je pouvais souhaiter, étant exposés à un feu continuel de canon et de mousqueterie.

Cependant, la plupart des vaisseaux de l'escadre manquant d'eau, il était absolument nécessaire de s'assurer de l'aiguade, et de faire descente à terre pour couper, s'il était possible, la retraite aux ennemis et les empêcher d'emporter leurs richesses dans les montagnes. J'ordonnai, pour cet effet, à M. le chevalier de Beaune de prendre le commandement des frégates *l'Amazone*, *l'Aigle*, *l'Astrée* et *la Concorde*, dans lesquelles je fis embarquer une partie des troupes, le chargeant de s'emparer, la nuit, de quatre vaisseaux marchands mouillés près de l'endroit où je comptais faire ma descente, et d'y établir entrepôt pour les troupes, ce qu'il exécuta avec beaucoup de régularité et de conduite ; en sorte que, le lendemain, notre débarquement se fit avec d'autant plus de sûreté que j'en avais ôté la connaissance aux ennemis par d'autres mouvements qui attirèrent toute leur attention.

Le 14 septembre, toutes les troupes étant

débarquées au nombre de 2150 soldats et six
cents matelots armés, j'envoyai MM. de Gouyon et de Courserac s'emparer de deux hauteurs d'où l'on découvrait tout ce qui se passait dans la ville. Le sieur d'Auberville, capitaine de grenadiers, de la brigade de ce premier, chassa quelques troupes ennemies d'un
bois où elles s'étaient embusquées pour nous
observer, après quoi les troupes se campèrent
dans cette disposition : l'aile droite, commandée par M. le chevalier de Gouyon, occupa la
hauteur qui regardait la place ; l'aile gauche,
commandée par M. le chevalier de Courserac,
celle qui était à l'opposite, et le corps de bataille commandé par M. le chevalier de Beaune,
fut placé au milieu, aussi bien que le quartier-
général, afin d'être à portée de se soutenir les
uns les autres et d'être le maître du bord de la
mer, où nos chaloupes faisaient de l'eau, et
apportaient continuellement les munitions de
guerre et de bouche dont nous avions besoin.
M. de Ricouart, inspecteur général à la suite
de l'escadre, resta dans la rade pour avoir soin

de nous les envoyer, et de faire fournir les matériaux nécessaires à l'établissement des batteries sur l'île des Chèvres.

Le 15, voulant couper la retraite aux ennemis et leur faire voir que nous étions maîtres de la campagne, je fis marcher toutes les troupes pour les faire paraître dans la plaine, faisant avancer des détachements jusqu'à portée de fusil de la place ; ils tuèrent des bestiaux, pillèrent des maisons sans que es ennemis se missent en devoir de s'y opposer, et cela dans l'espérance que nous nous engagerions dans leurs retranchements, où notre défaite leur paraissait certaine par la situation du terrain ; mais, pénétrant bien leur intention et voyant qu'ils ne branlaient point, le fis retirer les troupes, après avoir donné toute mon attention à bien reconnaître le pays, que je trouvai si impraticable, qu'il me parut impossible, même avec dix mille hommes, de pouvoir jamais couper la retraite aux ennemis, ni les empêcher de sauver leurs richesses ; j'en fus entièrement convaincu lors qu'ayant remarqué une partie des ennemis au pied des montagnes, je voulus les faire couper par un bataillon du Lys et celui du *Magnanime*, que je fis couler à droite et à gauche; mais s'en étant approchés avec bien de la peine, ils trouvèrent un marais et des halliers impénétrables qui les arrêtèrent tout court et les obligèrent de s'en revenir.

Le 16, un de nos détachements s'étant avancé, les ennemis firent jouer un fauconneau avec tant de précipitation qu'il n° fit aucun désordre. Ce même jour, je chargeai MM. de Beaune et de La Calandre d'établir une batterie de dix pièces de canon sur une presqu'île qui prenait les batteries des Bénédictins à revers; ils y firent travailler si vivement que dans trente-six heures elle fut en état de tirer.

Le 17, les ennemis brûlèrent de grands magasins remplis de sucre, d'agrès et de munitions sur le bord de la mer; ils firent aussi sauter en l'air le dernier de leurs quatre vaisseaux de guerre échoué sous les Bénédictins, et brûlèrent deux autres bâtiments, appartenant au roi de Portugal, qui touchaient à terre.

Le 18, les ennemis firent sortir de leurs retranchements douze cents hommes de leurs meilleures troupes pour enlever un de nos postes avancés. Le sieur de Liesta, qui le gardait avec cinquante soldats, quoique surpris et attaqué vivement, tint ferme, et donna le temps à M. le chevalier de Gouyon d'y envoyer le sieur de Bourville, aide-major de sa brigade, avec les compagnies des sieurs Droccallery et d'Auberville, qui chassèrent les ennemis après en avoir laissé plusieurs sur la place. Je fis interroger quelques-uns de leurs blessés, sur les lieux mêmes, où j'arrivai assez à temps pour être témoin de la valeur des officiers qui défendaient ce poste. Le sieur de Pontlo-Coëtlogon, aide-de-camp de M. le chevalier de Gouyon, y fut blessé, avec environ vingt-cinq soldats hors de combat. Ce même jour, la batterie de MM. de Beaune et de La Calandre commença à tirer sur les batteries et retranchements des Bénédictins.

Le 19, M. de La Ruffignières m'ayant informé qu'il avait cinq mortiers et dix-huit canons en batterie sur l'île des Chèvres, j'envoyai sommer le gouverneur de se rendre ; et, sur sa réponse pleine de fermeté, je résolus de l'attaquer vivement. Je fus, pour cet effet, avec M. le chevalier de Beaune le long de la côte, depuis le camp jusqu'à l'île des Chèvres, reconnaître les endroits par où nous pourrions plus aisément forcer les ennemis. Nous remarquâmes cinq vaisseaux marchands, à demi-portée de fusil des Bénédictins, qui pouvaient servir d'entrepôt à une partie des troupes qui seraient destinées à attaquer ce poste ; j'ordonnai pour cela que l'on fît avancer le vaisseau *le Mars* entre nos deux batteries, et de le placer à portée de les soutenir, en cas de besoin.

Le 20, j'envoyai ordre au vaisseau *le Brillant* de s'approcher *du Mars* et je fis faire de toutes les batteries et des vaisseaux un feu continuel, tandis que je m'occupai à donner les ordres nécessaires pour attaquer le lendemain.

La nuit du 20 au 21, je détachai une partie des troupes pour aller se loger dans les vaisseaux que j'avais remarqués auprès des Bénédictins. Les ennemis, s'en étant aperçus, firent sur nos chaloupes un grand feu de mousqueterie, qui fut bientôt ralenti par le canon de nos batteries et celui du vaisseau *le Mars*, ce qui jeta une grande consternation dans la ville.

Le 21, à la pointe du jour, je m'embarquai avec le reste des troupes pour aller commencer l'attaque, ordonnai à M. le chevalier de Gouyon de filer le long de la côte avec sa brigade, afin d'attaquer les ennemis par différents endroits.

Sur ces entrefaites, le sieur de Lavalle, qui avait été fait prisonnier avec M. Duclerc, à qui il avait servi d'aide-de-camp, s'étant échappé des ennemis, vint se rendre à nous pour me donner avis que les ennemis abandonnaient la place avec une terreur étonnante ; qu'en se retirant ils avaient mis le feu a un des plus riches magasins de la ville, et qu'ils avaient

miné le fort des Jésuites et celui des Béné
dictins pour faire périr une partie de nos
troupes; qu'il s'était même hasardé à tout
pour venir nous en avertir. Toutes ces circonstances, qui d'abord me parurent incro-
yables, qui se trouvèrent cependant vraies,
me firent précipiter notre marche. Nous nous
emparâmes sans résistance, et avec la précaution requise, des hauteurs de la Conception
et des Bénédictins; je descendis ensuite dans
la place avec M. de Courserac et huit compagnies de grenadiers pour me rendre maître
des forts de Saint-Sébastien, Saint-Jacques et
de la Miséricorde, laissant à MM. de Gouyon
et de Beaune le commandement du reste des
troupes avec défense, sous peine de la vie,
aux soldats de s'écarter, ou de quitter leur
rang.

En entrant dans cette ville abandonnée,
nous trouvâmes ce qui restait de prisonniers
de la défaite de M. Duclerc, qui, ayant brisé
les portes de leur prison, s'étaient déjà répandus pour enfoncer et piller les maisons

qu'ils connaissaient les plus riches. Cet objet
excita l'avidité des soldats, et les porta
d'abord à se débander; mais j'en fis faire
 r le champ une punition exemplaire qui
 s arrêta, ordonnant que ces prisonniers
fussent conduits et consignés sur la hauteur
des Bénédictins. Ensuite je me rendis maître
des forts et de tous les postes qui méritaient
attention, et, après avoir fait éventer les
mines, j'en laissai le commandement à M. le
chevalier de Courserac, à qui je donnai ordre
de faire avancer sa brigade pour en prendre
possession.

Cela fait, je vins rejoindre MM. de Gouyon
et de Beaune, afin de conférer avec eux sur
les moyens d'empêcher le pillage, qui me paraissait inévitable dans une ville abandonnée
et ouverte du côté de la mer et de la terre.
Cependant je fis mettre des corps de garde,
poser des sentinelles dans les endroits qui le
demandaient, et j'ordonnai que l'on fît nuit
et jour des patrouilles, avec défense, sous
peine de la vie, aux matelots et soldats d'en-
trer dans la ville sous quelque prétexte que

ce fût ; en un mot, je ne négligeai aucune des
précautions que je pouvais prendre ; mais l'a-
vidité du gain et l'espoir du pillage l'empor-
tèrent sur la crainte des châtiments. Les
corps de garde et les patrouilles que j'avais
ordonnés furent les premiers à augmenter le
désordre pendant la nuit ; en sorte que, le
lendemain matin, les trois quarts des maisons
ou magasins se trouvèrent enfoncés, les vins
répandus, les marchandises et les membles
épars au milieu des rues, et enfin tout se
trouva dans un désordre et une confusion si
grande, que j'ordonnai sans balancer que l'on
cassât la tête à ceux qui se trouvèrent dans le
cas du ban ; mais les châtiments réitérés
n'ayant pas été capables d'arrêter cette fureur,
je n'eus d'autre parti à prendre, pour sauver
quelque chose, que celui d'employer pendant
le jour la meilleure partie des troupes à transporter ce qu'on pût ramasser d'effets ou de
marchandises dans des magasins que je fis établir, ou M. de Ricouart eut soin de mettre des
gens de confiance et des écrivains du Roi.

Le 23, j'envoyai sommer le gouverneur du fort de Sainte-Croix, qui se rendit à capitulation. M. de Beauville, aide-major-général, fut en prendre possession, aussi bien que des forts de l'île de Villegagon, Saint-Jean et autres batteries de l'entrée.

J'appris cependant, par différents nègres qui se rendirent à nous, que le gouverneur de la place et le général de la flotte, ayant ramassé les débris de leurs troupes à une lieue et demie de nous, attendaient un puissant secours, commandé par Antoine d'Albuquerque, général des mines, fort estimé. Ainsi il était nécessaire de s'assurer contre les entreprises des ennemis. J'établis pour cet effet M. le chevalier de Gouyon avec sa brigade dans les retranchements qui regardaient la plaine, et M. le chevalier de Beaune avec le corps de bataille sur la hauteur de la Conception, où le quartier-général fut placé pour être à portée de descendre dans la plaine et de secourir ceux qui en auraient besoin ; à l'égard de la brigade de M. le chevalier de Courserac, elle était déjà destinée à garder les forts et les hauteurs des Jésuites.

Ayant l'esprit en repos de ce côté-là, il fallait penser sérieusement aux intérêts du Roi et à ceux des armateurs. Les ennemis avaient emporté leur or, brûlé leurs meilleurs vaisseaux et leurs magasins les plus riches, et tout le reste demeurait en proie à la fureur du pillage, qu'aucun châtiment ne pouvait arrêter; d'ailleurs il était impossible de conserver cette colonie, par rapport au peu de vivres qui s'étaient trouvés dans la place, et à l'impossibilité de pénétrer dans le pays.

Tout cela bien considéré, je pris le parti d'envoyer dire au gouverneur que s'il tardait plus longtemps à racheter sa ville par une bonne contribution, j'allai la mettre en cendres et en saper les fondements; afin même de lui rendre cette menace plus sensible, je détachai deux compagnies pour aller brûler toutes les maisons de campagne à une demi-lieue à la ronde, ce qu'ils exécutèrent; mais ayant tombé dans un corps d'ennemis for

supérieur, elles auraient été taillées en pièces,
si je n'avais eu la précaution de les faire soutenir par deux autres compagnies de grenadiers commandées par les sieurs de Brignon
et de Chéridan, lesquels, soutenus par une
compagnie de caporaux que j'avais choisis
pour ma garde, enfoncèrent les ennemis, en
tuèrent plusieurs et mirent le reste en fuite :
leur commandant, nommé Amara, homme de
réputation, demeura sur la place.

Les sieurs de Brignon et de Chéridan, et
le sieur de Kerret-Kavel, garde de la marine,
se distinguèrent dans cette action ; le sieur de
Brignon, entre autres, perça le premier, la
baïonnette au bout du fusil, à la tête de sa
compagnie, dont étaient officiers les sieurs
Dubodon et de Martonne, gardes de la marine. Comme cette affaire pouvait devenir sé-
rieuse, je fis avancer M. le chevalier de
Beaune avec six cents hommes, qui pénétra
encore plus avant, brûla la maison qui servait
de retraite au commandant de cette troupe,
et se retira.

Le lendemain 11 décembre, Antoine Albuquerque arriva avec trois mille hommes de troupes, moitié cavalerie et moitié infanterie, et plus de six mille nègres bien armés, ce qui nous engagea à nous tenir sur nos gardes.

Cependant on travaillait à transporter toujours dans les vaisseaux de l'escadre le peu de sucre qui s'était trouvé, et à remplir les magasins des autres marchandises que l'on pouvait ramasser. Elles n'étaient malheureusement propres que pour la mer du sud, et auraient tombé en pure perte si on les avait rapportées en France, mais ce qui nous restait de vaisseaux ennemis, étant dénué d'agrès et de munitions, n'étaient nullement en état d'entreprendre un long voyage ; il ne s'en trouva qu'un seul de cinq cent cinquante tonneaux, qui ne pouvait contenir qu'une partie des marchandises ; de manière que, pour sauver le reste, il fut jugé à propos, pour le bien du service, d'y joindre la frégate *la Concorde*. Après avoir pris là dessus l'avis de M. Ricouart, je fis travailler au chargement de ces deux vaisseaux avec toute la diligence et l'ordre qu'on y put apporter. Il restait encore trois cent cinquante caisses de sucre qui ne pouvaient tenir dans les vaisseaux de l'escadre, par rapport à la quantité d'eau qui leur était nécessaire pour le retour ; je les fis charger dans la moins mauvaise de nos prises, que chaque vaisseau contribua à équiper, et dont M. de la Ruffignières voulut bien prendre le commandement. Toutes les autres furent vendues par MM. de Ricouart et de la Moisserie, que je chargeai de ce détail, aussi bien que les marchandises qui se trouvèrent avancées, dont on tira ce que l'on put.

Le 11 novembre, les ennemis ayant achevé leur dernier paiement, je leur remis la ville, fis embarquer les troupes et gardai seulement les forts de l'île Gagnon, l'île des Chèvres et ceux de l'entrée, afin d'assurer notre départ.

Le 13, après avoir fait mettre le feu aux vaisseaux qui étaient échoués sous l'île des Chèvres et à un bâtiment que l'on n'avait point

trouvé à vendre, nous mîmes à la voile avec
trois mois d'eau et de vivres, embarquant avec
nous un officier, quatre gardes de la marine
et trois cents cinquante soldats qui restaient
de la défaite de M. Duclerc, que nous avions
trouvé dans un état à faire pitié. Tous les
autres officiers avaient été envoyés à la baie
de tous les Saints ; je comptais bien aller les
délivrer, et tirer même de cette colonie une
nouvelle contribution ; mais nous avons été si
cruellement traversés par les vents, que nous
avons consommé plus de quarante jours à
gagner seulement la hauteur de cette baie,
de manière qu'il nous restait à peine de quoi
conduire en France l'escadre que le roi m'a
fait l'honneur de me confier, qu'il ne m'est
pas permis d'exposer témérairement. Je fus
même obligé de laisser la prise commandée
par M. de la Ruffignières, parce qu'elle me
faisait perdre trop de chemin, et que, dans la
disette de vivres où j'étais, le moindre retar-
dement était d'une extrême conséquence. La
frégate *l'Aigle* eut ordre de l'escorter jusqu'en
France et de ne point l'abandonner.

Le même jour que l'escadre mit à la voile,
les deux vaisseaux *la Notre-Dame de l'Incar-
nation* et *la Concorde* firent route pour la mer
du sud, équipés de tout ce qui leur était nécessaire

Après quarante jours de vents contraires,
nous passâmes enfin la ligne, le 25 décembre.

Les vents étant devenus plus favorables,
nous nous trouvâmes le 19 janvier à la hauteur des îles Açores. Jusque là, l'escadre
s'était heureusement conservée ; mais, ayant
essuyée dans ce parage trois coups de vent
consécutifs avec beaucoup de violence, tous
les vaisseaux furent forcés de plier au gré du
vent, se trouvèrent entièrement dispersés et
quelques-uns même assez incommodés, de
sorte que nous ne pûmes rejoindre que le
vaisseau *le Brillant* et les frégates *l'Amazone*,
l'Argonaute, *l'Astrée* et *la Bellone*. Nous
n'avons eu depuis connaissance que de *l'A-
chille*, qui, pendant le dernier coup du vent,
avait fait signal d'incommodité, et était ensuite
arrivé vent-arrière. Je crois qu'il aura relaché

à *la Corogne*, pour se racommoder, et se mettre en état de revenir désarmé à Brest.

Après avoir mis plusieurs fois à travers pour attendre nos vaisseaux. Nous continuâmes notre route pour nous rendre à Brest, où nous sommes arrivés le 6 février 1712.

(Copie mss. des Temps.)

A la suite de cette brillante expédition, une vive critique enfantée par la jalousie attaqua Duguay-Trouin ; il eut la gloire de partager cette preuve d'une incontestable supériorité avec Duquesne, Tourville, Gabaret, etc. Louis XIV récompensa ce grand service par une pension de deux mille livres, et bientôt après par le grade de chef d'escadre. Le régent sut aussi reconnaître le mérite de Duguay-Trouin. Nommé membre du conseil de la compagnie des Indes, il n'y entra que pour en modifier la fastueuse composition. Louis XV le comprit, en 1728, dans une promotion de commandeurs de Saint-Louis, le nomma lieutenant-général, et le chargea, en 1731, de châtier les barbaresques. Duguay-Trouin parcourut les régences d'Alger, de Tunis et de Tripoli, délivra un grand nombre de captifs, et conclut des traités avantageux pour le commerce de la France. Ce fut sa dernière expédition.

Miné par un mal sans remède, épuisé par cette vie de fortes émotions et d'aventures téméraires, il mourut le 27 septembre 1736. à l'âge de soixante-trois ans.

FIN.

Limoges. — Typ. E. Ardant et C°.

www.ingramcontent.com/pod-product-compliance
Lightning Source LLC
Chambersburg PA
CBHW071827090426
42737CB00012B/2202